스무 살의 부자 수업

나의 직업은
부자입니다

스무 살의 부자 수업

나의 직업은
부자입니다

토미츠카 아스카 지음

당신은 어떤 인생을 선택할 것인가

난 돈이 좋다. 세상 물정을 알게 된 후부터 계속 좋아했다.

돈을 나쁘게 말하는 사람은 좋게 보이지 않았다. 부자가 아닌 사람은 부자가 되기 싫은 사람이라고 생각했다. 돈을 좋아하지만 벌지 못한다는 것, 부자는 되고 싶지만 될 수 없다는 것은 말이 안 된다고 생각했다.

예전부터 갖고 싶은 건 무엇이든 가져야 했다. 나는 처음부터 부자가 될 운명이었다. 그저 어떻게 하면 부자가 될 수 있을지 방법을 찾아 행동으로 옮기기만 하면 됐다.

막연히 사업을 할까도 생각했지만 딱히 하고 싶은 일이 있지도 않았고, 열정도 없었다. 지위나 명예도 필요 없고, 애당초 그런 것에 관심이 없었다. 그저 돈이나 시간에 구애받지 않고 좋아하는 일을 하고 싶었다. 돈 때문에 하고 싶은 걸 포기하는 삶을 살고 싶지 않았다. 그렇다면 굳이 사업을 시작할 필요는 없다는 결론이 나왔다. 단지 돈을 많이 벌수만 있다면 그걸로 충분했다.

그럼, 돈을 버는 방법은 어떻게 찾아야 할까.

대답은 뻔하다. 부자에게 물어보면 된다.

부자가 아닌 사람에게 물어봤자 알 리가 없다. 그 사람은 부자가 되지 못했기 때문이다. 부자가 되지 못한 것에 대한 반면교사로 삼으려고 물어본다면 굳이 말리지는 않겠다.

부자를 향해 한 걸음 다가가기 위해 나는 먼저 부자를 찾아 나섰다. 직접 만나서 이야기를 들으면 실마리를 찾을 수 있을 것 같았기 때문이다. 내 주변에는 든든한 버팀목이 되어줄 사람이 단 한 명도 없었다. 가족들은 돈 이야기 자체를 꺼렸고 친구나 선배 중에도 투자 경험이 있는 사람이 없었다. 나는 그저 평범한 스무 살 여대생에 불과했다. 그런 나에게 부자들의 이야기는 빛나는 보석이 잔뜩 숨겨진 보물섬처럼 느껴졌다.

'어디로 가면 부자를 만날 수 있을까?'

고급 호텔 로비에 앉아 있어도, 부자 동네를 돌아다녀도 당연히 나에게 말을 걸어주는 사람은 없었다.

"여긴 안 되겠어. 부자들을 좀 더 확실히 만날 수 있는 곳으로 가야겠어."

고민 끝에 선택한 곳이 증권회사였다. 부자들 중에는 투자하는 사람이 많을 것 같다는 막연한 이유에서였다. 테니스 동아리에 속해 있던 나는 그날 연습 가기 전에 커다란 라켓 백을 등에 짊어진 채 한 증권회사 로비에 들어섰다.

아마도 그때의 나는 증권회사와 너무나도 어울리지 않는 모습이었을 것이다. 그래서일까, 어떤 노신사가 내 어깨를 살짝 건드리며 이렇게 말했다.

"학생, 여긴 은행이 아니라네."

부드럽고 온화한 목소리였다. 뒤돌아보니, 따뜻함이 넘치는 미소를 띤 할아버지가 서 있었다.

'찾았다!'

상상 속 부자와는 달랐지만, 온몸에 전율이 흘렀다.

그날 이후 발이 닳도록 증권회사를 드나들었다. 할아버지는 어마어마한 투자가로, 금융뿐만 아니라 부동산, 사업 방면에도 해박한 경험과 지식을 가진 분이었다. 나는 전학을 자주 다니며 터득한 친화력으로 할아버지와 대화를 나눴다. 그렇게 막연하기만 했던 '부자'라는 단어가 나에게 가까이 다가왔다.

나는 할아버지를 따라 투자가 모임에 가끔 참여했다. 일주일에 몇 번씩 자산가 할아버지들과 만나며 차를 마시고 담소를 나누는 대학생은 나밖에 없을 것이라는 생각이 들었다. 그런 유별난 행동은 지금까지 내가 매일 해오고 있는 성공 실천법 중 하나다.

처음부터 돈을 버는 방식이 반드시 투자의 형태를 띠어야 한다는 확고한 신념이 있었던 것은 아니다. 부자들 중에 투자를 안 하는 사람은 없었고, 노력하지 않고도 돈을 벌 수 있는 방법으로 가장 적합했던 것이 마침 투자였던 것뿐이다.

어떻게 하면 시간을 들이지 않고도 편하게, 계속해서 돈을 벌 수 있을까.

이런 질문을 받은 사람들은 눈살을 찌푸릴 것이다. 거부반응을 보이는 사람들도 있을지 모른다. 왜냐하면 편하게 돈 버는 건 나쁜 것이라고 우리들 머릿속에 뿌리박혀 있기 때문이다. 그러나 이런 비판을 하는 사람 중에 안타깝게도 부자는 단 한 명도 없다. 그래서 그들은 영원히 부자가 될 수 없으며 평생 돈에 대한 불안과 걱정을 끌어안고 살아야 한다.

부자의 세계로 가는 길은 생각보다 어렵지 않다. 그렇지만 대부분의 사람들은 부자가 되고 싶다는 마음속 열망을 외면한 채 부자가 되기 위해 적극적으로 행동하지 않는다. 그러면서 부자와 부자가 아닌 사람들 사이에 간격이 벌어진다. 스스로 마음먹지 않는 이상 부자의 세계로는 갈 수 없다. 풍요롭고 행복한 부자들의 세상으로 갈지 말지, 어떠한 인생을 선택할지는 오로지 당신에게 달려 있다. 분명한 건 돈이 있어야 인생의 선택지가 늘어난다는 것이다. 경제적으로 자유로우면 시간적·정신적으로도 자유로워진다.

나는 내게 주어진 한 번뿐인 인생을 후회 없이 마음껏 즐기고 싶어서 부자가 되기로 결심했다.

당신은 어떤 인생을 선택하겠는가?

지은이 토미츠카 아스카

차례

1장 부자가 되고 싶다면 상식을 버려라

2장   스무 살 여대생이
투자를 선택한 이유

5장 부자의 세계가
당신을 기다린다

1장

부자가 되고 싶다면
상식을 버려라

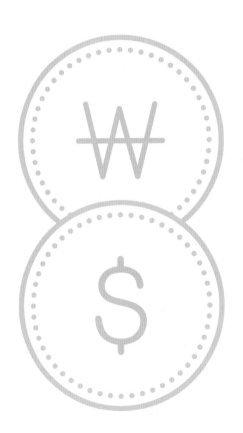

거꾸로 읽는 부자의 상식

일하지 않는 자, 먹지도 마라.

가난은 미덕이다.

편하게 돈 벌 생각하지 마라.

부자가 되려면 나쁜 짓을 하지 않으면 안 된다.

부자는 특별한 사람이다.

당연히 맞는 말이라고 믿어왔다. 내가 사는 세상에서는 이 말들이 상식이었다. 그래서 죽도록 공부해서 좋은 대학에 들어가고 유명한 회사에 취업하는 것이야말로 행복의 지름길이라 믿으며 열심히 살아왔다. 부모님, 선생님은 물론이고 각종 신문이나 방송, 도덕 교과서에서조차 서로 짜기라도 한 듯 그렇게 말해왔기 때문에 한 번도 의심해본 적이 없었다.

"그건 아니야"라고 가르쳐준 사람이 단 한 명도 없었다. 바로 이분을 만나기 전까지는.

그날, 태어나서 처음으로 발을 디딘 증권회사에서 자산가 할아버지들을 알게 되었다.

처음에는 단순한 호기심으로 시작했다. 내심 부자들과 친해지고 싶다는 마음도 없지는 않았다. 하지만 하늘의 별 따기라는 것을 알았다. 그저 같은 공간에 있다는 사실만으로도 나에게 어떤 변화가 생기지 않을까 하는 기대감으로 한 행동이라는 말이 더 맞겠다. 증권회사 로비에 앉아 있다고 돈이 드는 게 아니니까.

예상대로 그곳에서 자산가를 찾을 수 있었다. 나는 강의가 없는 날이면 증권회사로 발걸음을 옮기곤 했다. 일주일에 몇 번씩 드나드는 동안 할아버지들과는 낯을 익혔고, 점점 가까워져서 만나면 대화를 나누는 사이가 되었다. 정해진 대화 주제는 없었다. 여자들이 카페에 모여 수다를 떠는 것처럼, 혹은 병원 대기실에서 진료를 기다리며 잡담을 나누는 것처럼 이런저런 대화를 나누었다. 아무래도 그들은 증권회사에 죽치고 앉아 있는 여대생의 존재가 다소 신경 쓰였을 것이다.

그중에서도 특히 사이좋게 지낸 사람은 처음 나에게 말을 걸어준 그 노신사였다. 그분은 나와 비슷한 또래의 손자가 있다고 했다. 지금은 멀리 떨어져 살지만 나를 보며 손자를 떠올리는 것 같았다. 따뜻한 분위기에 온화한 표정,

웃으면 눈이 안 보일 정도로 활짝 웃는 얼굴, 말끔히 정돈된 은발, 다부진 체격에 곧은 자세, 사람을 가리지 않는 부드러운 말과 행동…. 분명 이 할아버지는 젊었을 때 인기가 많았을 것이다.

나는 그분과 친하게 지내며 '에비스 할아버지'라는 별명을 붙여드렸다. 할아버지의 미소가 칠복신 중 재물과 부를 상징하는 신, 에비스의 표정을 닮았기 때문이었다. 할아버지는 그런 별명은 처음이라며 웃으셨는데 그렇게 싫어하시는 것 같지는 않아서 그대로 부르기로 했다. 아주 조금이지만 친해진 것 같아 기뻤다.

할아버지와의 대화는 주로 지금까지의 인생을 돌아보는 내용이나 옛날이야기가 대부분이었다. 나에게는 그 어떤 이야기도 소설이나 영화 속 세계 같아서 듣는 것만으로도 너무 즐거웠다.

거품 경제 시기에 부동산으로 크게 돈을 벌었고, 건물이나 땅의 임대 수입이 많으며, 여러 회사를 수십, 수백억 엔에 매각한 경험이 있다는 할아버지. 전 세계 곳곳에 별장을 소유해서 언제든 마음대로 갈 수 있으며, 자기 이름이 들어간 후원기금이 있고, 개발도상국의 인프라를 정비하고 있다는 등의 이야기를 듣고 있자니 놀랍고 신기하기만 했다. 얼마나 많은 자산이 있는지는 굳이 묻지 않았지만 대충 생각해도 천억 엔쯤 되지 않을까 쉽게 상상할 수 있었다.

할아버지가 도착하면 문 밖에서 기다리던 지점장이 할아버지를 맞이했다. 그리고 언제나 넓은 VIP룸으로 안내했다.

에비스 할아버지는 증권회사에서는 물론이고 다른 할아버지들 사이에서도 평판이 좋았다. 백화점 쇼핑백에 1억 엔이 넘는 돈다발을 아무렇지 않게 대충 넣고 그 위에 귤을 담아와 "귤이 참 달다"며 사람들에게 나눠주는, 장난기 있고 여유로운 자산가 그 자체였다. 그 사람이 바로 에비스 할아버지였다. 자산가라는 점도 그렇지만 순수하게 사람 대 사람으로도 흥미로운 존재였다.

목요일 한낮이 지난 무렵, 나는 평소처럼 증권회사 객장에 앉아 있었다. 할아버지는 매일 그곳에 나왔는데, 마침 대화 상대를 찾고 있었던 것처럼 이런저런 이야기를 들려주었다. 지점 자체가 고급 주택가 근처에 있어서인지 다양한 유형의 자산가들이 증권회사를 찾았다. 일반인인 나로서는 그러한 사람들이 오고가는 모습을 쳐다보는 것만으로도 즐거웠다.

"여기 오는 사람들은 태어날 때부터 부자였나요? 다들 딴 세상 사람 같아요."

대학교나 아르바이트하는 곳에서 만난 사람들이나, 가족이나 친척처럼 내가 지금까지 알고 지낸 사람들과는 너무나 다른 모습에 문득 이런 의문이 들었다.

"뭐, 딴 세상이라면 딴 세상일 수도 있겠지. 태어날 때부터 부자인지는 나도 잘 모르겠는데, 아마 사람마다 다르겠지. 아스카는 아직 모르는 모양이구나. 뭐랄까, 부자들의 세계와 그렇지 않은 사람들의 세계는 상식부터 다르다고 해야 할까?"

"네? 그게 무슨 뜻인가요?"

"부자들의 세계와 그렇지 않은 사람들의 세계는 하나부터 열까지 다 다르단다. 전제 조건이나 상식, 좋다고 생각하는 것들이나 돈 버는 방법 같은 모든 게 말야. 말하자면, 보통 사람들의 상식이 부자들한테는 전혀 상식이 아닌 거지. 극단적으로 말하면 부자가 아닌 사람들의 상식으로는 부자가 될 수 없어. 경제적으로 만족스럽지 못한 삶을 살게 되는 건 물론이고."

"네?"

하지만 정작 본인은 눈치를 못 채지. 사실은 눈치채고 싶지 않은 것일지도 모르지만."

나는 의문이 들었다.

"같은 나라, 같은 시대에 사는데 그렇게까지 상식이 다른 게 말이 되나요? 모두가 그렇게 생각하니까 상식이라고 부르는 거 아닌가요?"

"다를 수 있지. 그러니까 이 세상에는 부자가 있고 부자가 아닌 사람들이 있는 거겠지? 처음부터 모든 것은 두 개의 패턴으로 나누어져 있어. 만약 모두가 같은 사고회로, 같은 행동 패턴을 선택했다면 모두 같은 결과를 얻었을 거고, 다시 말해 모두 부자가 될 수 있었을 거야."

궁금했다. 세상의 부자들과 나 사이에는 어떤 차이가 있는 걸까. 언뜻 봤을 때는 비슷한데 어째서 연봉의 동그라미 개수가 이렇게 차이 나는 걸까.

"예를 들어 아스카를 비롯해 대다수 사람들이 믿고 있는 상식을 부자들 세계의 상식으로 바꾸어 말하면 이럴 거야."

일하지 않는 자 먹지도 마라.

→ 일을 시키는 입장이라면 자신이 일할 필요는 없다.

가난은 미덕이다.

→ 가난은 죄다.

편하게 돈 벌 생각하지 마라.

→ 편하게 돈 버는 건 즐거운 일이다.

부자가 되려면 나쁜 짓을 하지 않으면 안 된다.

→ 부자는 다른 사람을 기쁘게 해줄 수 있다.

부자는 특별한 사람이다.

→ 누구든 부자가 될 수 있다.

에비스 할아버지는 마치 오셀로 게임의 말을 하나하나 뒤집듯 계속해서
내가 꼭 쥐고 있던 상식을 뒤집어갔다.

"이것 말고도 부자들 세계의 상식은 더 많이 있지.

돈은 사라지지 않는다.

사람이 사는 이유는 좋아하는 일만 하기 위해서다.

힘들고 괴로운 일은 할 필요가 없다.

가난한 사람이 부자가 아닌 이유는 그들이 원하기 때문이다.

부자 옆에 있으면 부자가 된다.

돈은 사람을 부드럽게 만든다.

내가 좋아하는 것이 돈이 된다.

노동으로는 부자가 될 수 없다.

돈도 사람도 좋은 기운이 느껴지는 곳에 모인다.

좋아하는 것들만 모아 놓은 것이 인생이다.

이런 식으로 말이야. 어떠니? 이쪽이 더 즐거운 세상 같아 보이지 않니?"

선명한 장밋빛 풍경이 눈앞에 그려졌다. 같은 시대, 같은 지구에 살고 있음에도 너무나도 다른 세상 같았다. 만약 내 인생에서 정말 그 세상으로 갈 수만 있다면, 이보다 더 행복할 수는 없을 것이다.

"그런 세상에서 살 수만 있다면 당연히 좋겠죠. 하지만 어떻게요? 저에게는 지위도 명예도 없고, 밑천이 될 자금이나 특별한 재능 같은 것도 없는걸요. 아까 누구든 부자가 될 수 있다고 말씀하셨는데, 저처럼 평범한 대학생도 부자가 될 수 있단 말씀이세요?"

"물론이지."

그것이야말로 당연하다는 듯 할아버지는 아주 시원시원하게, 얼굴 한가득 미소를 띠며 대답했다.

"부자들의 세계는 풍요롭고 평온하며 언제나 사랑과 미소가 가득 넘치지. 약간의 비결만 안다면 누구든 이 부자들 세상에 발을 들여놓을 수 있다는 것,

그게 중요해."

"약간의 비결이요?"

"그래, 간단해. 다만, 의미 없는 신념을 버릴 각오는 해야겠지. 만약 앞으로 정말로 아스카가 부자들의 세상에서 살고 싶다면, 자신을 칭칭 감싸고 있는 그 상식의 틀을 깨야만 해. 그렇지 않으면 영원히 그 바람은 이루어지지 않을 거야. 지금까지 당연하다고 여기고 있던 상식을 떨쳐버리고 부자들의 상식을 네 안에 굳게 심는 거야."

"상식을 버려요? 어떻게요?"

"지금까지 당연하다고 생각했던 걸 모두 의심해보렴. 아무리 작은 거라도 상관없어. 작게는 돈 쓰는 방법이나 돈에 대한 인식에서부터, 크게는 일이나 살아가는 방법 같은 것까지 전부 다 말이지. 상식이라는 건 자기 자신도 눈치채지 못할 만큼 아주 깊숙이 침투해 있거든. 그러니 첫 시작은 그걸 겉으로 드러나게 하는 작업부터 해봐야겠지, 말하자면 자신이 어떤 사고의 틀로 생각해왔고 하루하루를 어떻게 보내왔는지 정확하게 파악할 필요가 있다는 거지."

할아버지는 목소리 톤을 낮추며 조금 걱정스럽다는 눈빛으로 이렇게 말했다.

"특히 우리는 돈에 대한 강박으로 어릴 때부터 부모님이나 학교, 사회로부터 세뇌당해왔지. 딱히 어떤 사람이 나쁘다는 건 아니야. 아스카의 부모님 세대도, 그 윗세대인 할아버지, 할머니 세대도 굳이 말하자면 다 피해자라고 볼 수 있지. 저주처럼 끊임없이 이어져온 가난의 고리, 그걸 여기서 끊어버려야 해. 다음 세대까지 이 가난이 이어지게 하고 싶지 않다면 더더욱."

지금까지 주변 어른들에게 들었던 말, 귀가 따갑도록 들었던 말이 떠올랐다.

"그렇게 돈, 돈, 돈 밝히는 거 아니야. 보기 안 좋아."
"우리 집은 부자가 아니라서…."
"벌써부터 열심히 일하는 게 참 대단하구나."
"좋은 대학에 들어가고 좋은 회사에 들어가서 좋은 남편을 만나면 평생
  걱정 없이 살겠지."

그런 얘기를 들을 때마다 뭔지 모를 거부감이 들었는데, 그 이유를 알 것 같았다. 이런 말을 했던 사람들 중에 정말로 행복해 보이는 사람, 부유한 사람은 단 한 명도 없었다. 그렇다면 부자와 가난한 자의 상식이 정말 다른 것일까.

이대로 생각 없이 살면 편할 것이다. 계속 눈치 채지 못한 척하면 적어도 꿈이 이루어지지 않았을 때 꿈에 배신당했다는 생각을 할 일은 없다. 처음부터 꿈을 꾸지 않으면 실망할 일도 없다.

하지만 갖고 있던 상식을 버리는 것은 자신이 그동안 진리라 믿어왔던 말들을 뒤엎는 것이다. 자칫 정체성이 흔들릴 수도 있었다. 알 수 없는 공포감이 느껴졌다. 장밋빛 세상은 알고 보면 혼란스러운 암흑의 입구일지도 모른

다. 어쩌면 눈앞에 있는 저 할아버지의 현란한 말솜씨에 교묘하게 속고 있는 건지도 모른다.

그러나 설령 백 년을 산다 해도, 이대로라면 부자에서 멀어지기만 한다는 생각이 들자 그것이 더 무섭게 느껴졌다.

"아스카의 대단한 점은, 나한테 물어보기 전부터 마음속으로 이미 눈치를 챘다는 거야. 자라오면서 계속 주위 사람들이 그렇게 이야기하니까 당연하다 생각했던 게 사실은 틀린 게 아닐까 의문을 가지고 있었겠지? 그러니 지금 이렇게 이 자리에 온 것 아니겠니? 참 신기하지? 부자와 그렇지 않은 사람들은 뭐가 그렇게 다른 걸까? 우린 같은 사람인데, 겉모습부터 다를 게 없는데 말이야. 대대손손 이어온 재벌가 같으면 또 모르지만, 세상에는 자수성가해서 부를 축적한 사람도 많거든. '나도 부자가 될 수 있을 텐데'라고 생각하는 건 지극히 자연스러운 거란다."

나도 내심 그런 생각은 하고 있었다. 그걸 자산가인 할아버지 입으로 말하는 걸 들으니 왠지 막연했던 생각에 확신이 생겼다.

"아스카는 부자가 되기 위해 여기에 왔다고 했지?"

"네."

"몇 번이나 반복하지만 누구든 부자가 될 수 있어. 다만 그러기 위해 몇 가지 기억해둘 간단한 규칙이 있지. 부자가 부자인 이유, 아스카가 앞으로 부자가 되는 방법. 어떠냐, 알고 싶니?"

뭐라고 대답할지 뻔한데도 에비스 할아버지는 가끔 이렇게 짓궂게 물었다.

"당연하죠! 알고 싶어요!"

"그럼 이렇게 친해진 것도 인연이고, 매일 이렇게 잡담만 하면 재미도 없을 테니 부자가 되기 위한 규칙이라도 같이 찾아보면 어떻겠니?"

무심코 던진 질문이 이렇게 발전되다니 운이 좋다는 생각이 들었다.

"좋아요! 잘 부탁드립니다!"

나도 모르게 너무나도 씩씩하게 대답했다.

마치 내 인생의 기차가 덜컹하면서 움직이기 시작하는 것만 같았다. 마음속으로 승리의 포즈를 취했다. 도저히 기쁨을 억누를 수 없어서 바닥을 바라보며 히죽히죽 웃었다. 이렇게 나는 뜻밖에도 자산가 할아버지로부터 부자가 되는 법을 배우기 시작했다.

오늘의 배움 ────────────────────────────────

- 부자의 세계와 가난한 세계의 상식은 완전히 다르다.

- 부자의 세계로 가는 지름길은 지금까지의 상식을 버리는 것이다. 전부 의심해보고
  가난의 상식을 끊어내야 한다.

- 몇 가지 규칙만 기억하면 누구든 부자가 될 수 있다.

가난은
당신이 선택한 결과다

'가지고 있는 상식 뒤엎기' 프로젝트는 그럭저럭 잘 진행되었다. 지금까지 생각했던 걸 정반대로 생각하기만 하면 되는 거라서 그렇게 어렵지는 않았다. 사고의 틀이 넓어지는 걸 느낄 수 있었고, 그것만으로도 다시 태어난 것 같은 기분이 들어서 즐거웠다.

반면, 괴로움에 몸부림치기도 했다. 구체적인 방법이 도저히 떠오르지 않았기 때문이었다. 사람 그 자체에 큰 차이는 없다, 누구든 부자가 될 수 있다, 하지만 어떻게 하면 부자가 될 수 있단 말인가? 그 길 위에는 온통 안개가 뒤덮여 아무리 눈을 부릅뜨고 노려보아도 아무것도 보이지 않았다. 내 통장에는 10만 엔뿐이었다. 내가 꿈꾸는 부자와의 괴리가 너무 커서 이 차이를 어떻게 메워야 할지 도저히 상상이 가지 않았다.

"어떻게 하면 부자가 될 수 있을까요?"

할아버지라면 해답을 알고 있을 것 같았다.

"가난이란 건 말이지, 자기가 스스로 선택한 거란다. 아스카가 지금 수중에 돈이 없는 건 네 자신이 그걸 원해서야."

"아니에요!"

나는 눈을 크게 뜨고 부인했다. 가난이 좋은 거라 생각한 적은 단 한 번도 없거니와 그걸 굳이 바라다니, 있을 수 없는 일이었다.

"절대 그렇지 않아요! 난 가난 같은 거 바라지도 않고 오히려 부자가 되고 싶다, 부자가 될 거다, 이렇게 생각하는걸요."

에비스 할아버지는 '다들 말은 그렇게 하지'라고 하듯 쓴웃음을 지으며 태연하게 말했다.

"그렇게 말하고 싶은 건 이해한다. 누구든 스스로 가난을 선택하고 있다고 생각하고 싶진 않겠지. 그건 그래, 스스로 가난을 불러들이다니…. 나도 평생 그렇게 되고 싶지는 않아."

스스로 가난을 선택했다니, 마음에 들지 않았다. 내가 실망한 것을 느꼈는지, 에비스 할아버지는 조금 곤란한 듯 어렴풋이 난감한 표정을 지으며 "하지만 말이다"라며 말을 이어갔다.

"유감스럽게도 그게 사실이야. 아스카는 오늘 이 순간까지 부자가 아닌 자기 자신이 편했던 거지. 돈이 많으면 불행해진다는 생각 때문일 수도 있고, 아직은 부모님께 기대고 싶은 마음에 그럴지도 모르고."

솔직히 돈이 많으면 불행해진다는 생각을 해본 적은 없지만, 부모님께 기대고 싶은 마음이 있었던 것은 사실이다. 할아버지는 계속해서 이야기를 들려줬다.

"가난을 선택한 사람들에게는 반드시 이유가 있단다. 어떤 사람은 일을 그만두고 싶지 않은, 혹은 그만둘 수 없는 구실로 가난을 이용하기도 하지. '돈이 더 많으면 그만둘 텐데', 이렇게 말하면서 말이야. 하고 싶은 일을 포기하거나, 남편 또는 아이들, 부모님을 비난하는 무기로 삼는 사람들도 있어."

냉정한 분석이긴 하지만 일리 있는 이야기였다. 나는 고개를 끄덕였다.

"하지만 그건 부자가 아닌 걸 방패 삼아서 약자인 자기 자신에 도취해 있는 것일 뿐이야. 마치 서툰 연극을 하고 있는 배우처럼. 비극의 주인공이 되면 다들 동정해주고 딱히 현실을 바꿀 필요도 없으니까 편하겠지. 그러면서 자기도 모르는 사이에 고질병이 되어가는 거야. 이런저런 변명을 늘어놓으면서 돈을 멀리하는 그 모습이 오히려 행복해 보일 수도 있어. 무엇이든 원하는 걸 이루는 건 좋잖아? 하지만 그런 생활을 계속해도 될까? 아스카는 어떠니? 앞으로도 계속 그렇게 살고 싶니? 죽을 때까지 쭉 그런 식으로 살아가고 싶은 건 아니겠지?"

문득 어디선가 들어본 적 있는 문구가 머리를 스쳤다.

인생은 자신이 바라는 대로 된다.

자신이 바라는 것을 가능한 한 명확히 그릴수록 이상적인 인생 목표가 된다는 것이다. 부자가 부자인 이유는 부자인 자기 자신을 원하기 때문이며, 부자가 아닌 사람들이 부자가 못 되는 이유는 돈이 없는 자기 자신, 부자가 아닌 자기 자신을 스스로 원하기 때문이다. 누구든 예외는 없다.

"그러고 싶지 않아요."

나는 작은 목소리로 간신히 대답했다. 부자가 되려 하지 않다니, 그렇게도 '부자가 될 거야'라며 큰소리쳤는데 사실은 정반대 방향으로 나아가고 있었다니, 부자가 아닌 나로 사는 것에 자기합리화를 해왔다니….

인정하고 싶지 않았다. 하지만 곰곰이 생각해보면 그 말이 맞았다. 현재 상황은 아무것도 바뀌지 않았음에도 주변 사람들보다 아주 조금 먼저 깨달았다는 사실만으로 안심하고 있었다. 아직 젊으니까 그렇게 서두를 필요는 없지. 친구들보다는 그래도 제대로 고민하고 있기도 하고, 힘들 때는 어쩌면 부자 할아버지들이 어떻게든 도와줄지도 모르잖아? 이런저런 이유를 대며 태평하게 게으름을 피우고 있었다.

"아스카, 인생은 말이야, 결코 생각대로 되는 건 아니야. 하지만 인생은 스스로 마음먹은 대로 되는 건 분명해. 부자가 되기로 선택하는 것도, 선택하지 않는 것도 개인의 자유야. 모든 건 자기 자신이 정하는 거지. 하지만 그 사실을 알게 되면 '나는 왜 부자가 아닌가'라는 의문을 가지겠지? '나는 어째서 굳이 가난을 선택한 거지?'라고 말이야. 인생에는 선택지가 딱 두 개뿐이란다. 부자가 되든가, 안 되든가."

나는 지금까지 원인을 밖에서 찾았다. 내가 부자가 아닌 건 내가 어쩔 수 없는 이유가 있기 때문이라고 생각했다. 하지만 아니다. 원인은 언제나 내 안에, 나 자신에게 있었다.

"부자가 아니지만 부자가 되고 싶어 하는 사람들에게 가끔 '지금 부자가 아닌 이유가 무엇이라고 생각하는지' 묻곤 하는데, 그러면 대개는 입을 다물어버려. 생각해본 적도 없다면서. 지금까지 자신이 부자가 될 수 있다는 선택지를 현실적으로 생각해본 적 없었기 때문일 거야. 부자가 되고 싶다고 입으로는 수없이 말하면서도 마음속으로는 부자를 일종의 환상으로만 생각하며 그 세계와 자신을 분리해버렸던 거지. 그런 사람에게 꿈같은 현실은 찾아오지 않는단다. 그런 사람은 생각과 행동이 다르고, 진정한 자신의 삶을 사는 게 아니니까."

에비스 할아버지는 이어서 무서운 진실을 가르쳐주었다.

"돈은 외로움을 많이 타는 특성이 있어. 이렇게 설명하면 기억하기 좋겠구나. 만약 아스카가 부자가 되길 거부하고 돈을 거부한다면, 거절할 때마다 돈은 점점 아스카에게서 멀어지다가 마침내 아예 다가오지 않을 거야. 그렇게 반복해서 거절하다보면 나중에는 돈이 아스카를 아예 인식조차 못하게 돼. 결국 투명 인간 취급하면서 눈앞에서 스윽 지나쳐가고 말 거야. 그럼 앞으로는 영원히 돈이 들어오지 않게 되겠지? 그러면 정말 슬프지 않을까? 원하면 원한다고 분명하게 의사 표현을 해야 하고, 네게 다가오면 반갑게 받아줘야 해."

명확하게 의사 표시를 하고 손을 뻗지 않는다면 돈은 나에게 돌아오지 않는다. 부자가 아닌 삶에 티끌만큼이라도 장점이 있다고 생각하는 한 나는 부자가 될 수 없다. 돈을 밀어내는 적극적인 행동을 하지 않았어도 가난한 상태, 가난과 함께하는 삶이 돈을 나에게서 점점 멀어지게 만드는 것이다. 그렇게 되면 부자가 될 가능성도 멀어진다.

"돈이 지나쳐간다니 말도 안 돼요. 그러고 보니 저는 지금까지 입으로만 말했던 거 같아요. 이제는 그러고 싶지 않아요. 지금같이 돈 없는 삶은 싫어요. 저도 부자로 인생을 살고 싶어요."

"돈이 없는 내가 싫다면, 그런 나와 결별하고 부를 거머쥔 나를 선택하면 돼. 부자 인생을 선택하기만 하면 된단다. 인생은 말이다, 언제든 마음먹은 그 순간부터 바꿀 수 있어. 게다가 인간 수명은 신이 아닌 이상 알 수 없지 않니? 그러니 아스카가 아무리 젊다고 해도 부자가 되는 걸 나중으로 미뤄도 될 만큼 여유 있지는 않지."

아직 나이도 있으니 그렇게 조급해할 필요는 없다고 생각했던 나에게 그 말이 강하게 꽂혔다. 할아버지에게 가난한 삶이란 쓸데없는 것, 의미 없는 것이었다. 무엇보다 부자란 행동으로 옮기기만 한다면 누구든 다다를 수 있는 상징 같은 것이었다. 어째서 이렇게 태평하게 있었던 걸까. 당장 내일 죽을지도 모르는데. 부자들의 세계를 겪어보지도 못하고 죽는 건 생각만으로도 끔찍했다.

내 표정이 확 바뀐 것을 보고 할아버지는 미소를 지었다.

"각오를 다진 모양이구나. 부자가 될 각오가 되어 있는 거지? 그렇다면 선언하자꾸나. 오늘로써 지금까지의 돈 없는 아스카와는 결별하는 거야. 돈 없고 가난하기 때문에 즐길 수 있었던 이런저런 것들을 떠올려보면서 지금까지 고마웠다고 인사를 나누고 이제 홀가분하게 놓아주렴. 이제 두 번 다시 그쪽으로 돌아가서는 안 된단다. 아스카는 부자가 될 거니까."

오늘의 배움 —————————————————————————————

· 부자인 것도 가난한 것도 스스로 선택한 결과다.

· 가난하게 사는 건 그 상태가 편하다고 느끼기 때문이다.

· 부자가 될 거라면 돈 없는 자신과 결별을 선언하자.

돈 없이
행복할 수 있는가?

부자가 되겠다고 선언한 후, 나의 말과 행동에는 조금씩 변화가 생겼다. 가장 눈에 띄는 변화는 돈이 없다는 말을 하지 않게 된 것이다. "돈이 없네"라고 말하는 것만으로도 가난해지는 것 같았다. 그와 동시에 '돈이 좋다', '돈이 있어서 행복하다'고 생각하자 세상이 점점 다르게 보였다. 학교 식당의 2백50엔짜리 카레라이스도, 테니스장까지 가는 지하철 비용 3백40엔도 전부 돈이 있기 때문에 누릴 수 있는 거라고 생각하니 왠지 행복해졌다. 하지만 아직 내가 가진 돈만으로는 부자라 할 수 없었고, 얼마나 이렇게 반복해야 부자가 될 수 있는 건지도 도저히 가늠이 안 되었다.

"돈이 있다는 것도, 그 사실에 감사해야 한다는 것도 중요하다는 걸 알았지만, 앞으로 어떻게 돈을 불려가야 할지 전혀 모르겠어요."

평소처럼 증권회사 로비에 있던 나는 무의식중에 투덜거렸다. 그러자 할아버지는 이해가 안 된다는 듯한 표정으로 물었다.

"아스카는 돈이 있으면 좋겠니?"

왜 그런 당연한 걸 묻는 걸까? 돈이 있어야 부자 아닌가?

"네, 있으면 좋을 것 같아요. 당연하죠. 부자는 돈을 많이 가진 사람이잖아요. 돈 없는 부자는 없어요."

에비스 할아버지는 고개를 끄덕이며 말했다.

"돈 있는 사람이 부자라는 건 맞는 말이지. 하지만 지금 돈을 소유하는 것에만 목표를 둔다면 아스카의 생각과 동떨어지게 될 거야."

"동떨어져요? 무슨 의미죠?"

"지금 아스카는 목적과 수단을 혼동하고 있어. 부자는 돈 그 자체를 원하는 게 아니야. 참고로 부자가 아닌 사람도 마찬가지고."

돈 자체라는 말이 묘하게 걸렸다. 돈이 아니면 내가 손에 넣고 싶은 것은 도대체 뭘까.

"돈을 갖고 싶은 사람은 많아. 하지만 그건 큰 착각이야. 아스카도 그렇고 대부분의 사람들은 사실 돈을 소유하고 싶은 게 아니야. 그렇게 말하는 사람일수록 자기 내면과 정면으로 마주하지 않고 자기 자신을 소홀히 여기고 있는 거야. 자기 자신과의 대화가 제대로 되지 않는 거니까. 그들이 정말로 원하는 건 돈이 아니야. 원하는 건 더 다른 것, 그 끝에 있는 감정이지. 원하는 감정이 있기 때문에 돈을 벌고, 그 감정을 실제로 느끼기 위해서 돈을 쓰는 거지.

돈은 그런 감정을 얻기 위한 교환권에 불과해."

돈이 교환권이라니, 돈을 그렇게 가볍게 봐도 되나 싶었다. 하지만 생각해 보면, 돈을 지불하면 맛있는 음식이 나오고 놀이공원이나 영화관 등에도 들어 갈 수 있으니 틀린 말은 아닌 것 같았다.

"교환권이라니 재미있는 발상이네요. 많이 모을수록 여러 가지 물건이랑 교환할 수 있잖아요."

"그렇지. 어디서 무엇과 교환할지는 각자 다 다르겠지. 물건 말고도 여러 가지가 있을 테고. 아스카, 돈이 있으면 뭘 하고 싶니?"

에비스 할아버지가 즐거운 듯 물었다.

"미슐랭 레스토랑에 가서 풀코스 요리를 즐기거나 비즈니스 석을 타고 온 세상을 여행하거나, 뭐 그런 거요. 근사한 명품 가방도 사고 싶고, 넓은 집으로 이사도 가고 싶어요. 아, 취직은 아마 안 하겠죠? 돈이 있으면 굳이 일할 필요도 없고요."

부자가 되는 상상만으로도 너무 신나서 그만 속사포처럼 대답해버렸다. 속세에 찌든 것처럼 보이진 않았을까 걱정스러운 마음에 조심스레 표정을 살폈는데, 다행히 평소처럼 인자한 미소였다. 안심이 되었다. 보잘것없는 나의 꿈을 이런 미소로 들어주다니, 이 할아버지는 도대체 얼마나 마음이 넓은 걸까.

"이루고 싶은 건 많겠지. 지금 단계에서는 더더욱 그럴 거야. 오히려 셀 수 없을 만큼 많아도 돼. 다만 이루고 싶은 것들이 결코 그 자체가 아니라는 사실을 알고 있다면 말이야. 사람이 돈을 벌려고 하는 이유는 행복해지고 싶어서라는 사실을 분명하게 기억해두렴. 이루고 싶은 꿈을 실현함으로써 얻게 되는 행복한 감정 때문이라고. 어떤 사람이든 감정으로부터 도망갈 수는 없어. 인생은 감정이 전부라고 해도 과언이 아니야. 지위나 명예를 원하는 것도, 사람들에게 인기가 많았으면 하고 바라는 것도 사랑받으면 기분 좋으니까 그 감정을 갖고 싶은 거지. 결국 사람들이 원하는 건 행복이나 즐거움, 충족감이라 볼 수 있어."

원하는 것이 바로 행복이라고? 내 안에서 어떤 의문이 들었다.

"하지만 그건 이상하지 않아요? 정말로 행복한 감정을 원하는 거라면, 그것만 얻을 수 있다면 돈은 꼭 필요하지 않다는 말이잖아요."

"좋은 질문이구나."

에비스 할아버지는 기쁜 듯이 웃었다.

"그래, 행복한 감정을 충족시키는 데 초점을 맞춘다면 부자가 되기 전부터 만족스럽고 풍요로운 인생을 살 수 있어. 이게 바로 돈이 없어도 행복할 수 있는 원리지. 돈이 없어도 이룰 수 있는 건 많거든. 거기다 돈까지 있다면 이룰 수 있는 건 배로 늘어날 거고. 인생에서 행복한 순간들을 더 많이 모으고 싶고 더 많이 체험하고 싶다면, 돈은 있는 게 좋겠지."

"아!"

에비스 할아버지의 말에 얼마 전 겪은 일이 떠올랐다.

"할아버지랑 약속한 적 있죠. 가난한 세상을 탈출한 기념으로 "돈이 없네"

라고 하지 않기로 한 거요. 그랬더니 돈이 있다는 사실에 엄청 감사할 수 있게 되었어요. 자산은 하나도 변한 게 없는데 2백50엔 카레도, 큰 금액은 아니지만 교통비도 전부 감사한 마음이 들더라고요. 내가 이렇게 즐겁게 살 수 있는 건 돈이 있어서였구나. 행동은 하나도 변하지 않았지만 이렇게 세상이 다르게 보이다니, 정말 깜짝 놀랐어요!"

"맞아. 멋지구나. 바로 그거란다. 돈을 쓸 수 있다는 건 행복한 일이지. 사람은 돈을 쓰면서 행복을 느낄 수 있어. 예를 들어 아스카, 요즘에 사고 싶은 옷이 있니?"

"딱 한 벌 있어요. 예쁜 원피스를 본 이후로 며칠 동안 계속 머리에서 떠나질 않아요."

"왜 그 옷이 갖고 싶니?"

"얼마 전에 길가다 우연히 봤는데요, 색깔도, 디자인도, 입었을 때의 느낌도 제가 딱 좋아하는 스타일이었어요. 너무 예뻐서 이렇게 말하면서도 설렐 정도예요."

"그걸 산다면 아스카는 어떤 기분이 들까?"

"기쁘고 행복하고 한동안 기분이 좋을 것 같아요. 그 가게 로고가 들어간 쇼핑백을 들고 있는 것만으로도 즐겁고, 내 돈 내고 사는 건데도 신날 것 같고, 어쩌면 마음이 들떠서 사자마자 가게에서 갈아입고 나갈지도 몰라요."

"그거란다. 아스카는 그런 자신을 만나고 싶은 거지. 옷 한 벌을 고를 때도 '이걸 입으면 어떤 기분이 들까?', '얼마나 행복해질까?'라는 생각을 하며 쇼핑을 했던 거야. 그걸 아스카 스스로 알고 있었는지 어떤지는 상관없어. 아스카가 진정으로 얻고 싶은 건 이 옷 자체가 아니라 감정, 말하자면 행복한 기분이었던 거야. 요즘은 특히나 온갖 물건들이 넘쳐나고 사람의 욕구 또한 고차원적이 되었지. 이제 사람들이 진정으로 갖고 싶은 건 물건 자체를 훌쩍 뛰어넘어 그 이상이 된 것 같더구나.”

할아버지는 그렇게 말하고, 뭔가 떠오른 듯 “딴 얘기긴 한데”라며 운을 띄웠다.

“그런 관점에서 보면 물욕이 멈출 줄 모르는 어설픈 부자들은 참 불쌍하다고 해야 할지, 시대착오적이라고 해야 할지 그런 생각이 들어. 그런 식으로 돈을 쓰는 건 극단적으로 말하면 소모적이고 낭비인 거지. 그런 식으로 돈을 쓰면 아무리 물건을 사도 채워지지 않고 허무함만 쌓일 뿐이야. 그런 사람은 무엇보다 자기 자신과 진지하게 마주할 시간이 필요하다고 봐. 정말로 무엇을 원하는가, 어떤 감정을 얻고 싶은가. 자신이 정말로 원하는 감정이 무엇인지를 빨리 깨달을수록 그 사람의 인생은 더욱 편하고 즐거워질 거야.”

그러고 보니 나보다 훨씬 더 돈이 많은데도, 자유롭게 쓸 돈이 있는데도 불구하고 채워지지 않는 허전함을 호소하는 사람들이 많다. 그런 사람들을 볼 때면 안타까웠다. 항상 행복한 듯 보이는 에비스 할아버지와 그런 사람들과의 차이는 어쩌면 돈 저 너머에 있는, 돈을 바라보는 관점에 있는 걸지도 모른다는 주제넘은 생각이 들었다.

"뭔가 가지고 싶은 게 생긴다면 어떤 감정을 얻고 싶은지까지 생각해보면 좋겠구나. 부자로 살아갈 때 이건 굉장히 중요한 부분이거든. 그리고 자신이 궁극적으로 얻고 싶은 감정이 뭔지 알았다면, 바로 그 시점부터 그 감정을 먼저 가져보는 것, 그게 바로 행복한 부자가 되는 비결이란다. 자산이 하나도 변하지 않았다면 가지고 있는 돈이나 다른 어떤 에너지를 사용해서든 아스카가 얻고 싶은 그 감정을 손에 넣으면 돼. 물론 어떻게 손에 넣을지에 대해서는 많이 고민하고 노력해야 할 거야. 지금의 아스카라면 충분히 잘할 수 있을 거라 믿어. 감정은 충분한 돈이 없어도 언제든 혼자서도 손에 넣을 수 있는 거고. 이런 자세로 자신이 원하는 감정 채우기를 즐겨보면 어떨까? 적어도 돈이 없다며 계속 가난한 세상에서 살아가는 것보단 훨씬 더 행복할 거야."

"할아버지, 이젠 그렇지 않다니까요."

나도 모르게 쓴웃음을 지었다. 정말로 똑같은 게임을 하는 거라면 이쪽이 훨씬 더 즐겁고 부자로 향하는 길을 걷고 있다는 느낌이 명확히 들 것 같았다.

"돈을 원하는 건 물론 나쁜 게 아니야. 다만 부자가 되려면, 돈에 초점을 맞추는 게 아니라 그 너머에 있는 감정을 손에 넣고 싶은 거라는 사실을 확실히 자각할 필요가 있어. 이 부분을 오해하면 돈이 들어올수록 돈에 집착하게 되고 돈이 사라지는 게 두려워지지. 결과적으로 돈을 순환시킬 수 없게 돼. 순환하지 않는 돈은 점점 고이기만 하다가 결국 썩게 마련이지. 아무리 돈이 많이 들어오더라도 정체되어 있다면 풍요롭다고는 할 수 없겠지?"

"돈을 쓰지 않으면 안 된다는 말씀이세요?"

"선순환을 통해 풍요로움을 지속적으로 확장해 나가는 것, 그게 바로 행복한 부자가 되는 비결이다. 돈은 어디까지나 교환권에 불과해. 결코 그 자체를 추구하면 안 돼. 아무리 돈이 많이 생겼다 할지라도 사용하지 않고 가지고만 있으면 그건 그냥 휴지랑 똑같지 않을까? 통장에 찍힌 숫자가 생명력 없이 늘어나는 걸 바라보는 것만으로 만족하면 그만일까? 언젠가 삶의 수명이 다했을 때, 많은 돈다발에 둘러싸여 마지막을 맞이하고 싶은 건 아니지 않을까? 돈은 저세상까지 짊어지고 갈 수 없어. 돈을 원활하게 순환시켜서 살아 있는 동안에 더 많은 경험을 했으면 좋겠구나. 돈은 그 소원을 들어주는 아주 좋은 도구니까."

오늘의 배움

• 우리가 진정으로 원하는 것은 돈이 아니라 행복한 감정이다.

• 돈이 없어도 행복해질 수 있다.

• 돈으로 얻고 싶은 감정을 한번 느껴보라. 그러면 행복한 부자가 될 수 있다.

돈 벌기는 어렵지 않다

한낮이 지난 어느 날, 할아버지 댁에 초대를 받았다. 현관에서 입구까지 약 1킬로미터는 족히 될 듯했다. 잘 손질된 정원에 잉어가 떠다니는 연못과 작은 대나무 숲까지, 드라마 세트장이라고 착각할 만큼 어마어마한 규모에 나도 모르게 긴장했다. 변함없는 미소를 지으며 나타난 할아버지는 "잘 왔구나" 하며 테라스에 놓인 흔들의자에 몸을 맡겼다.

"아스카, 돈 버는 게 어려운 것 같니?"

아무리 아르바이트를 해도 한 달에 8만 엔에서 10만 엔을 버는 것이 한계였다.

"제가 몸이 여러 개라면 공부하면서 돈 버는 게 어렵지 않겠죠. 하지만 지금 상황으로는 한 달에 1백만 엔 버는 것도 솔직히 어렵지 않을까요?"

나에게 있어서 1백만 엔은 에비스 할아버지에게 1천 엔 정도일 것이다. '흠'

하며 눈살을 찌푸리던 할아버지는 다시 질문을 던졌다.

"돈을 잘 버는 사람과 벌지 못하는 사람은 뭐가 다르다고 생각하니?"

그런 질문에 한낱 대학생에 불과한 내가 돈 버는 데 베테랑인 자산가를 만족시킬 만한 대답을 제대로 할 리가 없었다. 그런데 여기서 대답을 하지 않으면 더 도움을 받기 어려울 수도 있겠다는 생각이 들었다. 할아버지는 자상했지만 동시에 부자만의 독특한 분위기를 풍겼다. 자신의 시간을 낭비하게 만드는 사람, 자신의 기대를 뛰어넘지 못하는 사람과는 절대로 교류하지 않겠다는 의지가 명확해 보였다.

"돈을 벌 수 있는 사람과 벌지 못하는 사람의 차이는, 음… 의욕 아닐까요?"

간신히 쥐어짜낸 나의 대답을 듣고 할아버지는 껄껄 웃었다.

"그렇지, 의욕도 있겠구나. 그리고 또 뭐가 있을까?"

"현명한지 아닌지?"

"그것도 그렇구나. 그리고 또?"

"타인의 말을 잘 들어주는가…?"

아무리 계속 질문을 해도 내가 생각해낼 수 있는 답이 그렇게 많을 것 같지 않았다. 난처해하며 에비스 할아버지를 쳐다보았다. 할아버지는 모든 것을 헤아린 듯 살짝 눈을 마주치며 이렇게 말했다.

"고맙구나. 짓궂게 굴어서 미안하고. 모르는 대로 지혜를 짜내서 대답하려는 자세가 훌륭하구나. 아스카의 대답은 모두 정답이기도 해. 유감스럽게도 근본적인 답은 아니지만."

근본? 무엇이 근본이라는 걸까.

"돈을 번다는 행위는 생각보다 훨씬 간단하단다. 사회가 요구하는 가치를 제공하기만 하면 되거든. 그렇게만 해도 돈은 나에게 모이지. 돈을 벌고 싶다고 말하면서도 정작 벌지 못하는 사람은 사실은 돈을 벌고 싶은 게 아니야. 그저 '벌고 싶다'고 말하는 자신한테 만족하는 거지. 그런 상태에서는 벌고 싶다고 말하는 것 자체가 돈에 대한 모독이 아닐까? 그러니 그런 사람들은 결국 돈을 벌지 못하는 거야. 아스카는 어째서 돈을 벌고 싶은 거니? 아스카가 생각하는 부자란 어떤 사람이야? 무얼 위해 돈을 벌려고 이 부자들의 세상에 들어온 걸까?"

왜 돈을 벌고 싶은가. 왜 부자가 되고 싶은가. 그런 건 오랫동안 생각해 본 적도 없었다. 어릴 때부터 부자가 될 것이라고 정했기 때문에 이렇게 일부러 자산가를 찾아 교류하려던 건데…. 이상하다, 나는 왜 부자가 되려던 거였지? 그 순간 세상이 확 돌면서 내 안의 뭔가가 무너졌다. 나에게는 이유가 없었다. 부자가 될 이유가. 그건 드디어 부자가 된다는 개념이 저 먼 하늘 위 세상에서 현실적인 존재가 되어 내 안으로 내려온 순간 같았다. 희미했던 존재를 드디어 잡을 수 있게 된 것이다. 부자란 뭘까. 내가 생각한 부자는 어떤 사람을 말하는 걸까. 돈을 번다는 건 어떤 것일까. 벌어야 하는 이유는 무얼까, 돈을 벌고 난 후에 기다리고 있는 건 어떤 미래일까?

혼란스러워진 나는 그냥 솔직히 물어보기로 했다. 이 이상 혼자서 아무리 고민해봤자 막막할 뿐이었다. 시간은 생명이고 경험은 재산이었다. 이런 문제는 앞선 사람에게 가르침을 청하는 것이 가장 빠른 해결책이었다.

"죄송해요. 모르겠어요. 할아버지는 부자란 어떤 사람이라고 생각하세요?"

할아버지는 조금 놀라더니 환한 미소를 띠며, 두 번 고개를 끄덕였다.

"어쩌면 아스카는 그동안 부자와 부자가 아닌 사람을 나누어서 생각했던 게 아닐까? 부자는 뭔가 비법을 지닌 사람이라고 생각하면서 말이야. 결코 그렇지 않아. 부자는 그렇게 특별한 존재가 아니야. 부자와 부자가 아닌 사람 사이에 차이 같은 건 거의 없어."

충격이었다. 부자가 특별하지 않다고? 그럼 어째서 세상에는 부자와 그렇지 않은 사람이 있는 거지? 내 마음을 꿰뚫어 본 듯 할아버지는 말을 꺼냈다.

"여기서 문제 하나 내볼까? 차이가 거의 없다고는 했지만, 사실 아주 작은 차이는 있어. 그게 과연 뭐라고 생각하니?"

"알아낼 수 있는 정보일까요?"

"정보! 그것도 그렇구나. 다만 그건 부자의 세계에 들어선 이후의 이야기 겠지? 그 전 단계에서 부자가 되는 사람과 그렇지 않은 사람의 차이는 뭘까? 아마 아스카도 이미 눈치 챘을 거야. 바로 이유란다. 마음에서 우러나온, 돈을 벌어야 하는 이유."

'돈을 벌어야 하는 이유'…. 나는 속으로 중얼거렸다.

"그 이유란 게 종이에 몇 장씩 써 내려갈 만큼 거창할 필요는 없어. 어쨌든 심플하고 간결하게 이유를 명확히 알아야 한다는 거지. 현실적인 이유라도 상관없어. 좋은 차를 타고 싶다든가 인기가 많았으면 좋겠다든가 유명해지고 싶다든가처럼. 한마디로 표현할 수 있는, 마음에서 우러나온 거면 돼. 그래서 왜 돈을 벌고 싶은지 아스카한테 물었던 거야. 그 이유가 없으면 중심에서 벗어나게 되거든. 돈은 꿈이나 이상을 실현시켜주는 멋진 존재인 건 분명하지만 그와 동시에 매우 이상한 마력을 지니고 있어. 그래서 이 뿌리가 불명확해지면 인간은 순식간에 돈에 잠식당하고 결국에는 파멸해버리지. 그런 사람을 여러 명 봤어. 적어도 아스카는 그런 길을 걷지 않았으면 좋겠구나."

심호흡을 한 번 크게 한 후 할아버지는 진지한 눈빛으로 다시 질문을 던졌다.

"다시 한번 물어볼게. 아스카는 어째서 돈을 벌고 싶니?"

"더 이상 억누르며 살고 싶지 않아요."

사고를 멈춘 순간, 툭 하고 입에서 나온 말이었다. 누구보다 놀란 건 나 자신이었다. 내가 이런 생각을 했구나. 하지만 그렇다, 드디어 생각났다. 풍파 없는 편한 인생, 그냥저냥 만사 무난한 날들. 이대로 궤도에서 벗어나지만 않는다면 부족할 것 없는 생활은 가능하다. 하지만 정말 이대로 괜찮은가? 해보고 싶은 일들이 너무 많다. 가격 따위 신경 쓰지 않고 맛있는 음식을 배부르게 먹고 싶다. 여행 또한 가고 싶다. 비즈니스 석도 타보고 싶다. 메뉴판을 가리키며 '처음부터 끝까지 다 주세요'라는 말도 해보고 싶다. 내가 그동안 경험해본 적 없는 세상을 계속해서 만나고 느껴보고 싶다. 한계가 없는 삶을 살아보고 싶다.

홍분한 채로 연신 재잘거리는 나를 즐거운 듯 바라보며, 할아버지는 만족스러운 듯 이렇게 말했다.

"그걸로 충분해. 축하한다. 그럼 바라는 대로 돈 버는 여행을 떠나볼까."

오늘의 배움 ────────────────────────────

- 돈 벌기는 의외로 간단하다.
- 부자와 부자가 아닌 사람의 차이는 거의 없다.
- 돈을 벌려면 돈을 벌어야 하는 이유가 있어야 한다.

─────────────────────────────────────

돈을 좋아하는 사람이
부자가 된다

"부자가 될 수 있는지 어떤지 알 수 있는 간단한 질문이 있는데, 어떠니, 알고 싶니?"

어느 날 에비스 할아버지가 말했다.

"당연하죠."

내 대답에 그는 약간 뜸을 들이다 느닷없이 질문을 던졌다.

"돈이 좋으니?"

"네!"

"역시 생각대로구나. 아스카는 부자가 될 수 있겠어."

"네? 무슨 뜻이에요? 그게 다예요? 그걸로 어떻게 알 수 있어요?"

이상했다. 내 대답은 고작 "네!"라는 딱 한 마디였으니까. 특별히 대단한 걸 물은 것도 아니었다.

"대답도 그렇지만 대답할 때의 태도를 통해서도 알 수 있어. 이 질문에 바로 좋다고 대답했다는 건 이미 부자가 되는 첫 단계에 만족했다는 거지. 부자들 중에 돈 싫어하는 사람을 이 할아버지는 아직까지 본 적이 없어. 다들 당연하단 듯이 돈이 좋다고 그래. 그건 그들이 매일매일 돈을 어떻게 대하는지만 봐도 한눈에 알 수 있지. 부자 입장에서 돈이 좋다는 건 지극히 당연한 말이야. 돈이 있으면 많은 경험을 할 수 있으니까. 부자일수록 돈을 진심으로 존중한단다. 감사하는 마음을 가졌으면 가졌지, 싫어하거나 꺼리는 사람은 아마 없을 거다."

하긴, 에비스 할아버지 같은 부자들은 돈을 소중히 여겼다. "감사한 일이지", "다 돈 덕분이구나"란 말을 입버릇처럼 했다. 아무리 작은 금액일지라도 이처럼 돈을 존중한다는 것을 알 수 있었다.

"부자가 아닌 사람들에게 아까 그 질문을 한다면 어떤 대답을 할 것 같니?"

"싫다는 사람은 아무래도 없을 것 같아요."

"부자가 아닌 사람의 대답은 이렇단다.

돈을 좋아하고 싶다.

돈이 좋긴 하지만 왠지 그 말을 입으로 꺼내면 안 될 것 같다.

돈을 좋아하는지에 대해 생각해본 적도 없다.

이런 식으로 어딘지 모르게 부정적이거나 거부감을 보이거나 아니면 아예 무관심한 사람들도 많지."

어째서일까. 돈이 우리의 소원과 꿈과 이상을 이루어주는데 왜 소중한 돈을 무시하는 걸까.

"그런 사람들은 돈이 좋다고 하면 속물 취급을 하거나, 돈을 좇는 건 왠지 보기 좋지 않다고 하거나, 돈 돈 돈 하는 건 부끄럽고 한심하다거나, 뭐 이런 생각들을 많이 하곤 하지. 그런 생각 때문에 가난해지는 건데도 말이야. 에휴, 이게 다 교육이 잘못되어서 그런 거란다."

할아버지는 마음이 무겁다는 듯 한숨을 내쉬었다. 어쩌면 부자라는 이유로 그런 부정적인 시선이나 비판을 받은 적이 있지 않았을까 상상하니 왠지 안타까운 마음이 들었다.

"부자와 부자 아닌 사람의 가장 큰 차이는 바로 돈에 대한 감정이지."

"돈에 대한 감정이요?"

"그래. 돈을 좋아하는지 싫어하는지, 돈을 소중히 여기는지 어떤지 그런 감정 말이야."

"어떻게 돈이 싫을 수가 있어요? 먹고 사는 데 드는 게 전부 돈이잖아요?"

"이상하게도 가난한 사람들일수록 돈에 대해 거부감을 가지고 있더구나. 돈 때문에 자기가 가난한 거라고 하면서. 그건 말도 안 되는 소리지. 어쩌나 보려고 물어보면 사람들이 대부분 뭐라고 하는지 아니? 자기가 지금까지 돈 때문에 얼마나 고생했는지 아느냐고들 하지. 아니면 돈 때문에 싸움에 휘말렸다든가, 혹은 돈 때문에 불행해졌다든가, 그런 말들을 하더구나. 하지만 그건 단순한 착각이야. 돈은 아무런 잘못이 없어. 돈을 잘 다루지 못해서 자기들 스스로가 돈을 제대로 활용하지 못했던 건데, 피해망상도 정도가 있지, 참."

충격이었다. 설마 돈을 싫어하는 사람이 이 세상에 있을 줄이야. 난 돈이라는 걸 처음 인식한 이후로 줄곧 돈을 좋아해왔다. 하긴, 세상에는 사람의 숫자만큼이나 다양한 생각이 존재하는 거니까.

"아스카는 어째서 돈이 좋니?"

느닷없이 질문을 받았다.

"제가 하고 싶은 걸 할 수 있게 해줘서요. 어릴 때부터 생각했는데 돈은 무슨 마법 같아요. 좋아하는 장난감도 살 수 있고 맛있는 과자도 살 수 있고 가족끼리 외출할 때도, 맛있는 걸 먹을 때도 항상 돈이 있어야 하잖아요. 마치 어떤 것이든 살 수 있는 교환권 같기도 하고, 어디든 데려가주는 여권 같기도 해서 반짝반짝 빛나는 보석처럼 보였어요. 그때부터 전 돈 자체도, 돈을 모으는 것도, 돈을 쓰는 것도 너무너무 좋았어요."

"그래, 그렇게 심플하게 인정하는 게 중요하지. 가난한 사람들에게는 그런 심플함이 전혀 없어. 무슨 원한이라도 맺혔나 싶을 정도로 돈에 부정적인 감정을 실으려고 하더구나. 돈은 말이다, 굉장히 깨끗한 걸 좋아해. 그래서 그런 진흙탕 싸움에 끼는 걸 싫어하지."

돈은 깨끗한 걸 좋아한다…. 이 말의 의미는 뭔지 알 것 같았다. 부자 동네는 어떤 집이든 항상 깔끔하게 정돈되어 있다. 그리고 그들 대부분은 지갑 안에 돈이나 카드만 넣고 다니며 깔끔함을 유지한다. 이런 점들이 그 말과 관련 있는 것처럼 느껴졌다.

"만약에 모든 일마다 다 네 탓이라며 불평불만에 투정, 푸념만 늘어놓는 사람은 너도 만나기 싫지 않니? 돈도 마찬가지야. 피해 의식에 사로잡혀서 자길 싫어하는 사람한테는 결코 가고 싶지 않을 거야. 가봤자 기분만 상할 거고, 어차피 함부로 대할 테니. 간다고 해도 마음이 편치 않으니 가능한 한 빨리 그곳을 피하고 싶어지겠지? 비유긴 하지만 이런 이유로 가난한 사람들은 항상 돈이 없는 거란다. 왜 나에게만 돈이 안 들어오는 걸까? 그 이유가 바로 자기 자신에게 있다는 걸 가난한 사람들은 절대 받아들이지 않아. 그걸 깨닫기만 해도 돈의 순환이 달라지는데, 참 안타까운 일이지. 언제쯤 그들은 그 사실을 눈치 챌 수 있을까?"

에비스 할아버지는 슬픈 듯이 한층 더 깊은 한숨을 쉬었다.

"그걸 깨달으면 그 사람들도 바뀔까요?"

"그야 물론이지. 가난이 자기 탓이라는 걸 깨닫는다면 노력에 따라 상황도 달라질 수 있다는 걸 알게 되지 않을까? 마찬가지로 돈은 잘못이 없었다는 것을 안다면 일상생활에서 돈이 얼마나 자신의 생활을 든든히 뒷받침해주고 있었는지도 잘 보이게 될 거야. 비싸고 사치스러운 물건일 필요도 없어. 1백 엔짜리 커피든 5백 엔짜리 점심이든 그런 것 모두 나에게 돈이 있기 때문에 즐길 수 있는 것들이잖아? 그러니 금액이 얼마든 간에 '돈이 없다'에서 '돈이 있다'로 생각을 전환했을 때 세상은 180도로 달라 보이게 되지. 그렇게 되면 돈에 감사하는 마음도 자연스럽게 생기고 내 생활을 책임져준다는 사실에 진심으로 고마워하게 돼. 그러면 더 이상 돈이 싫다는 생각은 하지 않을 거야."

금액에 상관없이 돈을 좋아하는 사람은 돈에 감사하는 마음이 있다. 하지만 돈을 싫어하는 사람은 돈에 감사하는 마음이 없다. 돈에 감사할 줄 모르는 사람은 그 상태로는 결코 부자가 될 수 없다. 이 사실은 깨달은 후 나는 부자나 부자가 된 사람과 가난한 상태로 머문 사람을 쉽게 구별할 수 있게 되었다. 그리고 에비스 할아버지를 비롯해 다른 부자 할아버지들이 왜 사람들과 돈으로부터 사랑받는지 이해할 수 있을 것 같았다.

행복한 부자일수록 자신을 둘러싼 모든 사람들, 일, 물건에 대해 감사하는 마음을 소중히 여긴다. 나도 이제부터 하루하루의 일상 속에서 수많은 감사의 요소들을 찾아 감사히 여기며 그 마음을 전해야겠다는 생각이 들었다.

오늘의 배움 ———————————————————

- 돈을 좋아해야 부자가 될 확률이 높아진다.
- 가난이 돈 때문이라고 비난하기만 하면 부자가 될 수 없다.
- 돈에 감사할 줄 알게 되면 세상을 바라보는 관점이 180도 바뀐다.

가난한 사람들의 고민 99%는
돈으로 해결할 수 있다

"그거 아니? 가난한 사람들의 고민 중 99%는 돈으로 해결할 수 있다는 거."

"99%요? 그 말은 거의 전부라는 거네요?"

느닷없는 할아버지의 말에 놀라 나도 모르게 되물었다.

"그래. 표현이 좀 거칠긴 한데, 사람에 따라서 기분 나빠할 수 있겠지만 이건 우리가 사는 자본주의사회에서는 진리인 셈이야."

"자본주의사회의 진리….."

"돈으로 해결할 수 있는 고민이 뭐가 있을 거 같니?"

"싫은데 억지로 꾹 참고 하던 일을 그만둘 수 있다는 거요?"

만날 때마다 불평만 늘어놓던, 취직한 지 얼마 안 된 선배의 얼굴이 가장 먼저 떠올랐다.

"그렇지. 만약에 일하는 직장의 환경이나 인간관계가 최악이었다면 그렇겠지. 당장이라도 때려치우고 싶단 생각을 하지만, 정말로 다음 날 사표를 낼 수 있는가 없는가. 이럴 때 경제적인 여유가 충분하다면 바로 그만둘 수 있겠지. 하지만 싫어도 억지로 일할 수밖에 없는 사람들이 많아. 왜냐하면 돈이 없으니까. 일을 그만두면 생계유지가 안 되니까. 그런데 만약 10억 엔이 있다면 어떨까? 싫은데도 억지로 일하겠다는 사람은 아마 하나도 없을 거야."

예전에 선배들과의 술자리에서 '복권이 당첨되면 어떻게 할까'라는 주제로 열띤 토론을 했던 게 생각났다. 압도적인 1위는 '회사를 그만둔다'였다. 주변을 보면 스트레스를 받으면서도 어쩔 수 없이 직장에 다니는 사람들이 많다. 만약 그들에게 경제적인 여유가 생긴다면 억지로 견디지 않고 당장 사표를 던질 것이다.

"일뿐만 아니라 대부분의 문제들은 대부분 돈으로 해결할 수 있어. 일상에서 마주하는 고민이나 스트레스, 욕망이나 다툼 같은 것들 모두 말이야. 99%라는 숫자는 과장이 아니란다. 지극히 현실적인 숫자지."

일, 고민, 스트레스, 내가 지금까지 짊어졌던 이러한 삶의 문제들은 전부 돈이 있다면 해결되는 것들이었다.

"문제를 해결하는 가장 쉽고 빠른 방법은 돈이란다. 더 좋은 방법이 있지 않을까 아무리 머리를 쥐어짜봤자 대개는 의미가 없어. 가장 빠르고, 정확하게 문제를 해결하는 방법은 돈을 버는 것이지. 단순하면서도 효과적인 방법이야. 고민하는 것 자체가 취미라면 뭐 어쩔 수 없지만, 그게 아니라면 그 고민을 하루라도 빨리 없애는 게 훨씬 더 인생을 유익하게 보내는 길이 아닐까? 돈으로 해결할 수 있다는 걸 알면서도 왜 굳이 고민을 짊어지고 질질 끌고 가는 걸까? 그렇게 계속 돈을 버는 것에서 도망쳐봤자 이득이 될 건 아무것도 없는데 말이야."

"어떻게 돈을 벌면 좋을지 몰라서 그런 거 아닐까요?"

돈을 벌면 된다는 건 알지만 뭘 해서 어떻게 돈을 벌 수 있는지 모르는 나는 그 상황을 누구보다 잘 이해할 수 있었다.

"어떻게 돈을 벌지는 전혀 상관없어. 투잡이든, 투자든, 다른 무엇이든 간에 경제적인 여유만 생긴다면 문제는 해결할 수 있어. 이렇게 말하면 '세상에서 돈이 전부라는 거냐'며 내 말을 오해하고 물고 늘어지는 사람들이 가끔 있는데, 그런 사람들일수록 돈에 휘둘려 산다는 게 참 흥미로운 사실이지. 참고로 아스카라면 이미 눈치를 챘겠지만, 이 할아버지는 돈이 전부라는 게 당연하단 말은 단 한 번도 한 적이 없어."

돈은 나쁜 거라고 말하는 사람들일수록 실제로는 돈에 휘둘린다. 이건 내 주변 사람들만 봐도 잘 알 수 있었다.

"세상에 돈이 전부는 아니지만 돈이 있다면 할 수 있는 것은 늘어나지. 이게 바로 자본주의사회의 현실이야. 자기가 하고 싶은 걸 할 수 있을 만큼의 돈이 있다면 걱정이나 불안에서도 벗어날 수 있고. 돈의 여유는 시간과 마음의 여유를 낳는단다. 가능하면 젊을 때 돈을 미리 벌어두는 게 좋다고 계속 강조한 이유가 바로 그거야."

평소 내가 막연하게 생각하던 걸 할아버지의 이야기로 들으니 더 확신이 생겼다. 할아버지는 이어서 말을 했다.

"자본주의사회에 살면서 돈이 없다는 건 곧 죽음을 의미하지. 의식주를 해결하는 것은 물론이고 하루하루의 생활이나 결혼, 출산, 육아같이 일생의 굵직굵직한 사건에도 돈이 많이 들어가거든. 게다가 나이 드신 부모님을 모신다거나, 불의의 사고를 당하거나, 이혼을 하게 되는 경우처럼 살아가다 겪게 될 수도 있는 사건들 전부 돈이 들어. 우리 인간이 이 세상을 살아가는 모든 것에 돈이란 게 없어서는 안 된다는 거야. 가족이 늘어나면 늘어날수록 지출은 늘어날 거고, 집안의 생계를 책임지는 가장이 바뀌지 않는 한 집안 살림은 점점 압박을 받을 테고, 더 이상 견딜 수 없게 되면 그야말로 게임 끝인 거지. 돈이 있다면 그런 궁핍도, 그 궁핍으로 인한 가정불화도 피할 수 있을 텐데 말이야."

'자본주의사회에서 돈이 없다는 건 곧 죽음을 뜻한다'. 에비스 할아버지가 말씀하셨기 때문일까. 이 말이 한층 더 무겁게 들렸다.

"중요한 건 돈이 아니라고 주장하는 사람도 있을 거야. 하지만 말이다. 이 말을 부자가 아닌 사람들이 한다면 그건 단순히 세상 물정 모르고 하는 말이 돼. 무례하게 들릴지도 모르겠지만 이건 부자들만이 할 수 있도록 허락된 말이란다. 가난한 사람들이 이런 말을 해봤자 그저 패자의 변명으로밖에 들리지 않아. 설득력이 전혀 없으니까. 가난한 사람일수록 돈을 대수롭지 않게 취급하거나 돈 '따위'라고 하면서 경시하곤 하는데 그렇게 돈을 함부로 대하는 사람을 부자들은 결코 신뢰하지 않는단다."

에비스 할아버지는 그렇게 단호하게 말한 뒤, 부자들만이 실감한다는 이야기를 알려주었다.

"'가난한 사람들의 고민 99%는 돈으로 해결할 수 있다'는 말에 이어지는 문장이 있어. '가난한 사람의 고민 99%는 돈으로 해결할 수 있다. 하지만 부자들의 고민 99%는 돈으로 해결할 수 없다.'는 거야. 그래, 사실 돈으로 해결할 수 있는 문제는 아주 조금밖에 없어. 그러니 운 좋게도 돈으로 해결할 수 있는 고민이라면 괜히 센 척하면서 고집부리지 말고 얼른 돈으로 해결해버리면 되겠지? 그래야 돈으로도 해결할 수 없는 문제들에 집중할 수 있는 시간을 충분히 확보할 수 있을 테니까."

돈으로 해결할 수 있는 건 돈으로 해결한다. 생명과도 같은 시간을 낭비하지 않기 위해서다. 부자들 입장에서는 이건 지극히 당연한 선택이었다.

"아스카. 가난한 사람들 고민 중에 돈으로 해결하지 못하는 남은 1%는 어떤 거라고 생각하니?"

"뻔한 말이지만 사랑이라든가, 인간관계라든가, 건강 같은 것들일까요?"

"그렇지. 그리고 그건 부자들도 마찬가지로 고민하는 내용들이지. 인간이라면 누구든 고민할 법한 것들이니까. 이런 고민에는 돈 같은 특효약도 없고 고민을 해소하는 방법도 제각기 다 달라. 이런 고민들을 해결할 수 있을 만큼 충분한 시간을 확보하기 위해서는 가능하면 어릴 때부터 돈을 벌어야 한다. 삶은 사람들의 사정을 봐줘가면서 기다려주지 않으니까."

오늘의 배움 ————————————————————————

• 가난한 사람들의 고민 99%는 돈으로 해결할 수 있다.

• 돈은 가능한 한 빨리 벌어둘수록 좋다.

• 중요한 건 돈이 아니라는 말은 부자들에게만 허락된 말이다.

절약은 가난을 부른다

주 1, 2회 하는 아르바이트로 내가 벌어들이는 수입은 뻔했다. 다행히 줄지는 않았지만 그렇다고 늘어나지도 않았다. 초라한 통장을 바라보던 나는 약간 자포자기 상태로 할아버지에게 물었다.

"할아버지는 절약 같은 거 해보신 적 있어요? 알고 보면 엄청난 구두쇠이신 거 아니에요?"

에비스 할아버지는 마시려던 녹차 잔을 다시 내려놓으며 되물었다.

"재미있는 질문을 하는구나, 무슨 일 있니?"

"아뇨, 숫자가 변하지 않는 통장을 보니 상황을 바꿀 방법이 뭐가 있을까 하는 생각이 들었어요. 수입이 한정된 상태에서 자산을 늘린다는 건 지출을 줄이지 않으면 안 된다는 거잖아요. 그렇다면 누구보다도 부자인 할아버지는 엄청 절약하시는 게 아닌가 싶었어요. 다양한 사업으로 벌어들인 것도 물론 있겠지만 그걸 제대로 지키지 못했다면 수중에 돈이 남아있을 리가 없으니까요."

"아, 그런 논리구나."

에비스 할아버지는 내 말의 뜻을 이해한 것 같았다. 하지만 그 표정을 본 순간, 나는 또 가난한 세계의 상식을 입 밖에 냈다는 사실을 깨달았다. 역시나 할아버지는 지금까지 들어본 적 없는 말을 아무렇지 않게 했다.

"아니, 절약해봤자 부자는 되지 못해. 더 정확히 말하면 절약은 애당초 거의 의미 없는 행위란다."

"…네?"

거짓말. 절약에 의미가 없다? 그럼 지금까지 들었던 말들은 도대체 뭐지?

티끌 모아 태산이다.

착실하게 아끼고 절약해야 부자가 된다.

살아오면서 몇 번이나 들었던 말들이었다. 야무지게 영수증을 모으고, 가계부는 1엔 단위까지 꼼꼼하게 적고, 다음 달에는 어떤 식으로 돈을 쓸지 미리 계획하는 것이 현명한 소비자라고 생각했다. 당연히 그 말이 옳다고 믿으며 그 말의 진위 여부를 따져볼 생각조차 해본 적이 없었다. 그런데 이 개념들도 부자의 세계에서는 상식이 아니었단 말인가! 가난한 세계의 상식이 이젠 무서울 정도였다.

그런 나의 마음을 알아챘는지 에비스 할아버지는 수습하려는 듯 이렇게 말했다.

"아스카는 돈을 늘리는 구조를 어렴풋이 이해하고 있는 것 같구나. 그래, 수입을 올리고 지출을 줄이고 자산 운용을 올바르게 한다면 돈은 눈덩이처럼 불어난단다. 그게 부자가 되는 기본원칙이지. 이렇게 말하면 지출 줄이기, 다시 말해 절약이 수입 늘리기나 올바른 자산 운용과 동급으로 중요하다고 착각할 수도 있겠다. 그래, 충분히 착각할 만하구나."

그러니 자신을 비난할 필요는 없다며 내 머리를 쓰다듬고 할아버지는 말을 이어나갔다.

"하지만 말이다, 유감스럽게도 절약에는 우리 삶을 극적으로 바꿀 힘이 전혀 없어. 옆길로 새지 않고 오로지 수입을 올려서 부자가 되거나 투자만으로 부자가 된 사람은 어느 정도 있지만, 아껴 쓰는 것만으로 부자가 되었다는 사람은 지금까지 단 한 명도 본 적이 없어. 앞으로도 그런 사람을 만나진 못할 거야. 왜냐하면 절약이란 건 어디까지나 돈의 틀이 이미 정해진 상태에서 이루어지는 것이고 원래 있던 돈이 그 이상으로 늘어날 수는 없는 일이니까."

쓸 수 있는 돈을 줄여가는 작업, 그것이 절약이다. 옛날부터 내가 절약을 잘 못했던, 아니 솔직히 절약하기 싫었던 이유를 드디어 알게 되었다. 몇 번인가 시도해보긴 했지만, 아껴 쓰면 쓸수록 마음이 점점 궁핍해지는 것 같아서 몇 만 엔을 남기더라도 그다지 즐겁지 않았다.

"절약은 가난을 부른다, 이게 부자들 세계에서는 상식이지. 무엇보다 절약하려고 하는 완고한 사고방식이 좋지 않고 효율도 나빠. 절약에는 특별히 내세울 만한 장점이 없어. 조금만 깊이 생각해보면 알 수 있는 건데, 절약으로 얻을 수 있는 돈이란 정말로 미미한 금액이란다. 예를 들어볼까? 아스카, 보통 중소기업 신입사원의 월 실 수령액이 얼마인지 아니?"

"음, 20만 엔 정도요?"

"그렇지, 작은 회사들은 대략 그 정도일 거야. 그럼 실 수령액이 20만 엔이라 치고 그 사람이 노력해서 절약을 한다고 하자. 친구가 놀자고 해도 거절하고 외식도 안 하고 편의점에도 들르지 않고 쇼핑이나 여행도 꾹 참고…. 그러면 얼마나 아낄 수 있을까? 한 달에 고작해야 몇 만 엔이 전부겠지. 월급의 절반 이상을 저축하는 사람은 거의 없을 거야. 아무리 허리띠를 바짝 졸라매도 고정 지출까지는 도저히 줄일 수 없을 테니까. 그렇다면 소소한 행복마저 포기한 대가가 고작 몇 만 엔이라는 건데, 그건 너무 슬프지 않니?"

생각해 보니 그랬다. 난 사람 만나는 게 좋고, 친구들과 수다 떨거나 맛있는 음식을 먹으며 보내는 시간을 사랑했다. 나의 소중한 그 시간을 고작 몇 만 엔 아끼고 저축하는 데 바치고 싶지 않았다.

"절약으로 얻는 돈은 한정되어 있어. 억지로 꾹 참으면서까지 몇 만 엔을 쥐어 짜내는 거라면 차라리 일주일에 하루, 이틀 아르바이트를 더 하는 게 어떨까? 돈을 버는 방법은 생각보다 많아. 단순한 육체노동도 괜찮지만 과외처럼 시급이 높은 일을 투잡으로 하는 것도 효과적이지. 그밖에 부업을 한다든가 안 쓰는 물건을 중고거래로 판다든가, 혹은 사업을 시작할 수도 있겠지. 아스카는 좋은 시대에 살고 있어. 요즘 같은 시대엔 정보를 얻는 것도, 사고파는 것도 모두 인터넷으로 충분히 할 수 있잖니? 어떻게 얼마나 고민하느냐, 얼마나 의욕이 넘치느냐에 따라 몇 만 엔, 몇 십만 엔 정도는 간단히 손에 넣을 수 있을 거야. 허리띠를 졸라맬 정도라면 차라리 수입을 올리는 데 집중하는 게 정신적으로도 육체적으로도 훨씬 낫지 않을까? 충동구매를 참지 못한다면 빠듯하게 아껴 쓰면서 수입을 올리는 것도 하나의 수단이지만, 아스카는 그런 성향은 아닌 것 같으니까 괜찮겠지."

할아버지는 그렇게 말하며 장난스럽게 눈을 찡긋했다.

"이것도 기억해 두렴. 절약이 가난의 이유라는 게 부자들 세계에서는 상식이라고 했지? 절약은 얼굴을 못나게 하기도 한단다."

"못생겨진다고요? 그건 좀 별로네요. 여기서 더 못생겨진다니."

울적해졌다. 가난해서 얼굴까지 못생겨진다니, 어떻게 살아가야 하나. 세상이 무너진 듯한 표정을 짓는 나를 봤는지 에비스 할아버지는 당황하며 "아니, 아니야. 진정하렴. 못생겨진다는 건 겉모습을 말하는 게 아니니까"라며 부드럽게 말을 이어갔다.

"무리한 절약은 건강을 해쳐. 어깨가 구부정해지니 자세도 나빠지고 피부도 거칠어지지. 그런 사람에게는 돈은 물론이고 사람들도 모여들지 않아. 그러니 자신을 방해하는 선택지를 굳이 고를 필요는 없겠지? 절약하면 할수록 마음은 가난해져. 돈은 궁상맞은 곳에는 놀러오지 않거든. 예를 들어볼까? 전

단지를 보고 일부러 카트를 끌고 옆 동네까지 가서 10엔 싼 달걀을 사오는 사람이 있지 않니?"

"맞아요. 한정수량이라 빨리 가야 된다면서 특가세일 날 아침 일찍 20분이나 걸려 달걀을 사러 가는 동네 아주머니요."

"돈만 생각하면 그렇게 판단할 수 있어. 사람이니까. 하지만 그러면 시간의 가치는 떨어지지. 자신의 한 시간을 30엔짜리라고 생각하는 거나 다름없기도 하고. 안타까운 일이지. 시간의 가치가 10엔의 가치보다는 훨씬 높을 텐데."

그러고 보니 특가세일 날 아침에 마주친 그 사람은 조금도 행복해 보이지 않았다. 목표를 달성했을 텐데 피곤함이 더 컸던 것인지 제대로 눈도 마주치지 않았다. 명하니 하늘을 쳐다보다 내가 말을 걸자 그제야 인사를 받아주었다. 이사한 지 1년도 채 되지 않는데 처음 봤을 때보다 생기가 없는 느낌이었다.

"수입을 올리는 게 긍정적인 에너지라면 반대로 지출을 줄여가는 행위는 부정적인 에너지라 할 수 있어. 마치 번영과 쇠퇴, 확대와 축소, 이런 느낌이지. 자, 이 중 어느 쪽이 돈을 늘리는 데 유리할 거 같니? 그야 당연히 번영, 확대, 이쪽이겠지?"

할아버지는 당연하다는 듯 묻고는 다시 말을 이어갔다.

"다시 말해 수입을 올린다는 건 뭔가를 더해가기 때문에 점점 가능성을 확장해나가는 거야. 반면에 지출을 줄인다는 건 깎아서 없애가는 거야. 만약 지출을 줄여서 적게 쓰면 어떤 감정을 느낄까? 목표에 도달했다는 성취감이 들긴 하겠지? 하지만 그건 어디까지나 그 순간뿐이야. 지출을 줄이려고 허리띠를 바짝 졸라매는 동안에는 '난 고작 이런 사람이다', '난 어차피 이 정도밖에 안 되는 사람이다' 생각했을 거야. 마음대로 자기 자신의 한계를 규정짓고 부정하는 거지. 수입을 올릴 수 있는 능력이 있는 걸 알았다면 굳이 지출을 줄이는 방식을 선택하진 않았을 테니까. 일부러 그렇게까지 자신에게 상처 입히면서 살 필요가 있을까? 아스카, 잠재되어 있는 능력을 결코 얕봐서는 안 돼. 왜냐하면 아스카는 무한한 가능성을 품고 있거든."

에비스 할아버지는 아껴 쓰면 모든 문제가 해결된다는 고정관념을 깨뜨리기 위해 그 말 위에 덮어쓸 새로운 상식을 가르쳐주었다.

"아껴 쓸 바에 차라리 돈을 벌자."

할아버지 말에 의하면 이건 부자들의 공통적인 사고방식이라고 한다. 그러고 보면, '이번에는 또 어디를 줄여야 하지? 어떻게 해야 돈을 남길 수 있지?' 하고 고민하면서 지출을 줄이려고 노력했을 때보다는, '어떤 일로 돈을 벌까? 난 어떤 일을 잘 할 수 있을까?' 하고 고민했을 때 더 가슴이 두근거리고 즐거웠다. 어쩌면 부자들 세계의 상식은 삶을 기분 좋게 만드는 비결이 들어 있는지도 모른다.

오늘의 배움 ──────────────────────────────

- 절약으로는 금전적으로나 정신적으로 풍요로워질 수 없다.

- 씀씀이를 줄이는 것은 나의 가능성을 줄이는 것이다.

- 지출을 줄이기보다 수입을 올리는 것이 훨씬 더 편하고 즐겁다.

만일에 대비해 묻어둔 돈은
죽은 돈이다

화창한 어느 날, 근처에 커피를 맛있게 내리는 카페가 생겼다고 해서 할아버지와 함께 산책 겸 커피를 마시러 갔다. 요즘에는 증권회사 밖에서 만나는 날이 많았다. 에비스 할아버지는 지점장을 비롯해 지점 직원들이 자신에게 필요 이상으로 신경 써주는 게 약간 피곤하다고 했다.

오솔길에 인접한 카페 안으로 들어서자 커피향이 가득 풍겼다. 앤티크 풍의 테이블과 폭신폭신한 소파에서 센스가 느껴졌다. 카운터에는 주인으로 보이는, 수염을 기른 사람이 커피머신을 세팅하고 있었다.

"어서 오세요. 편하신 자리에 앉으세요."

우리는 가운데의 모퉁이 쪽에 자리를 잡고 따뜻한 아메리카노 두 잔을 주문했다. 구조가 특이하고 사각지대가 많은 구조였다. 비밀 이야기를 나누기에 적합해 보였다. 문득 옆쪽에서 목소리가 들렸다. 벽을 사이에 둔 대각선 쪽에 커다란 꽃무늬 원피스를 입은 아름다운 중년 여성과 말쑥하게 정장을 차려입은 자신감 넘치는 청년이 앉아 있었다. 20대 후반쯤 돼보였다. 아무래도 보험을 권유하는 모양이었다.

"사모님, 아직은 심각하게 생각하지 않으실 수도 있지만요, 무슨 일이 생기고 난 뒤에는 늦습니다. 만일에 대비하여 지금부터 확실하게 준비해두시는 게 앞으로도 안심되실 거예요. 그래서 저희 같은 사람들이 있는 거고요."

청년은 열심히 설득했다. 또렷한 발음과 목소리 톤 때문인지, 그렇게 큰 목소리는 아닌데도 내용이 잘 들렸다. 나는 그 만일에 대비한다는 말이 묘하게 마음에 걸려서 에비스 할아버지에게 물어보았다.

"할아버지는 만일에 대비한 저축도 하세요?"

이상했다. '만일의 경우를 대비해 비상금을 만들어 둬라.', '낭비하지 말고 착실하게 저축해라.', '사람이 살다 보면 무슨 일이 생길지 알 수 없으니 미리 대비해둬야 한다.' 이런 말들을 들으며 자라왔지만, 에비스 할아버지를 알게 된 후 조금씩 돈을 바라보는 시선이 변했다. 도대체 만일의 경우란 언제를 말하는 걸까, 도대체 언제까지 계속 저축해야 하는 걸까. 의문이 끝없이 생겨났다.

할아버지는 눈을 감은 채 커피를 한 모금 마시고 이렇게 되물었다.

"무슨 일이 생겼을 때라는 건 병에 걸리거나 사고를 당하거나, 혹은 가족에게 무슨 일이 일어나는 경우겠지?"

"맞아요, 아마도 그런 거겠죠? 저는 잘 모르겠어요. 그저 지금까지 제 주변 어른들이 만일의 경우를 대비해서 저축하라고 하니까, 살다 보면 무슨 일이 생길 때라는 게 있는 모양이구나, 뭐 막연히 그렇게 생각했던 것 같아요. 문득 에비스 할아버지라면 어떻게 하실까 하는 생각이 들어서 여쭤봤어요."

에비스 할아버지는 나와 급이 다른 부자라는 건 알았다. 그가 투자하는 곳과 가입한 보험 같은 게 궁금했다. 할아버지가 자산가이기 때문에 더더욱 그랬다.

"아스카, 인생의 3대 지출이 뭔지 아니?"

"집이랑, 차, 그리고 뭘까요? 결혼식?"

"저런, 아쉬워라"

할아버지는 나에게 눈을 찡긋하더니 "그건 바로 보험이란다"라고 알려주었다.

"인생의 3대 지출은 집, 차, 보험이라고들 한다. 하지만 아스카처럼 보험이 3대 지출에 속한다고 할 만큼 큰 금액이라고 의식하지 못하는 사람들이 사실 대부분이지. 보험료는 매달 조금씩 내니까 한 달 전체 생활비에서 보면 그렇게 큰 금액이 나간다고는 생각하지 못하는 거야. 하지만 사실은 천천히, 그러나 확실하게 고정비로 자리 잡고 돈을 뺏어가는 게 바로 보험이지."

"아, 그럼 보험은 안 드셨어요?"

"아니, 들었지. 다만 꼭 필요한 최소한의 것만 들었어. 무조건 많이 든다고 좋은 건 아니라고 생각하거든."

"어째서요?"

"중요한 건 균형이지. 아스카 주변에도 그렇게 사치부리는 것 같지 않은데 항상 돈이 없다고 말하는 사람이 있지 않니?"

있다. 친척들 모임에서도 자주 들었고, 동네 아주머니들이 모인 자리에서도 자주 나누는 대화 내용이었다. '짚이는 사람들이 있을 테지?' 하는 것처럼 에비스 할아버지는 "그런 사람들은" 하며 말을 이어나갔다.

"사실 항상 돈 없다는 말을 입에 달고 다니면서 정기예금에 3백만 엔이나 1천만 엔이 들어 있는 사람도 적지 않아. 일본 가계의 금융자산 중에서 금융기관에 예금된 돈만 1천조 엔 이상이라고 해."

"1천조 엔이요?!"

들어본 적 없는 숫자에 나도 모르게 숨이 턱 막히는 것만 같았다.

"다들 부지런히 돈을 모은 거지. 그러면서 돈 없단 소리나 하고, 참나. 이런 사람들은 보통 보험도 필요 이상으로 여러 개 드는 경향이 있어. 이것도 있어야 안심되고 저것도 들어둬야 여러 가지를 커버할 수 있다, 뭐 이런 식으로 보험회사 직원의 달콤한 꼬임에 넘어가서 필요하지도 않은 옵션까지 계속 추가하지. 보험을 들었다면 적어도 정기적으로 보험을 검토해보기라도 한다면 좋을 텐데, 한번 가입하고는 그대로 방치해두는 경우도 많아. 그건 아마도 돈을 제대로 활용할 줄 몰라서 그런 걸 거야. 게다가 보험회사 입장에서도 일종의 비즈니스니까 보험 좀 검토해 달라고 해봤자 보험을 더 들게 하면 했지 줄여주지는 않을 거야. 그러는 동안에 당연히 지출은 갑절로 늘어나게 될 거고.

그 지출은 분명히 말하지만 쓸데없는 지출이지."

"그렇게 말하니 왠지 보험회사가 나쁘게 느껴지네요."

나는 다시 한번 곁눈으로 청년을 쳐다보았다. 처음에 느꼈던 상쾌한 인상이 지금은 오히려 의심스러워 보였다. 에비스 할아버지는 재미있는 듯 웃다가 "그건 아니야"라며 달래듯이 말했다.

"오해하면 안 되니 보충 설명을 해야겠구나. 보험의 구조 자체는 좋아. 특히 가정이 있다면 아무리 건강보험이 있다고 해도 최소한의 보험은 들어두는 게 좋지. 저축도 그렇고. 혼자 산다면 3개월치, 가족이 있다면 적어도 6개월치 정도의 생활비는 확보해두는 게 안심되겠지? 가족들을 길거리에 나앉게 하면 안 되니까. 다만…."

"다만?"

"만약 그 이상의 돈을 그냥 쌓아두는 사람이 있다면 난 그 돈을 도대체 언제 쓸 생각인지 묻고 싶어. 만약에 언제 사용할지 날짜가 명확하다면 모아둬도 괜찮아. 애매하지 않고 명확하다면 그건 필요한 저축이니까. 하지만 진지하고 성실하고 꾸준히, 언제 올지도 모르는, 어쩌면 오지 않을지도 모르는 그날을 위해, 현재의 즐거움을 참으면서까지 미래에다가 열심히 계속 돈을 보낸다? 이건 도저히 행복한 돈의 순환이라고는 할 수 없지 않을까?"

그렇다. 돈을 순환시킨다는 개념은 할아버지를 만나 처음 알게 되었다. 그런 시점에서 보면 돈을 쌓아두는 행위는 돈의 흐름을 정체시킬 뿐이었다.

"애당초 불안하기 때문에 돈을 가두어둔다는 건 돈이 싫어할 행동이야. 불

편하지 않겠어? 그리고 그런 사람들은 대체로 악착스러워져. 아무리 돈을 모아도 불안은 해소할 수 없어. 아무리 모아도 끝이 보이지 않을 테고, 당연히 끝도 없고. 있다면 그건 그 사람의 수명이 다하는 날이겠지? 그때까지 끝없이 계속해서 돈을 모으기만 한다니, 마치 돈의 노예 같구나."

"돈의 노예…."

"불쌍한 건 돈이지. 돈은 사용될 때 비로소 본래의 빛을 발하는 건데 그런 곳에 꽁꽁 묶여 갇히다니 불행하기 짝이 없지. 돈을 깨끗하게 사용할 수 있는 사람에게는 계속해서 돈이 모여들지. 반대로 모처럼 돈이 수중에 들어와도 햇빛도 들지 않는 곳에 숨겨버리는 사람에게는 돈이 모여들지 않아. 자기가 활약하지도 못하는 곳에 일부러 찾아갈 만큼 돈도 유별난 걸 좋아하지는 않거든. 그러니 돈은 점점 그 사람을 피하게 될 거고, 전혀 순환이 되지 않으니 그 사람은 더욱더 필사적으로 돈을 꽁꽁 싸매게 돼. 차마 눈 뜨고 볼 수 없는 악순환이 벌어지는 거지."

할아버지는 관자놀이에 손가락을 대고 유감스럽다는 듯이 고개를 저었다.

"돈을 만약 쓰지 않고 그냥 두기만 한다면 그건 조금 고급스러운 종이랑 별다를 게 없을 거야. 아스카, 1만 엔짜리 지폐의 원가가 얼마인지 알고 있니?"

"음, 5백 엔 정도요?"

지폐는 종이의 재질이 좋고, 홀로그램 가공이라든가 위조방지 기술이 잘되어 있다는 이야기를 들어본 적은 있다.

"정답은 22엔이다."

"22엔이요? 너무 싼데요?"

나도 모르게 말이 입 밖으로 튀어나왔다. 그렇게 가치 있는 지폐가 고작 22엔으로 만들어진다니, 위조방지에 힘을 쏟는 것도 당연했다.

"원재료 값을 쳐서 대략 계산한 것이긴 하지만 1만 엔 지폐의 원가는 대략 22엔이야. 그러니 그 종이 자체는 아무런 가치가 없어. 다시 말하면 지폐는 제대로 잘 써주는 게 중요하단 의미겠지?"

"어떻게 사용하는지에 달렸다는 말씀이세요?"

"그렇지. 왜냐하면 돈은 도구니까. 세상에는 말이다. 살아 있는 돈과 죽은 돈이 있어. 저축하기만 하고 손대지 않는 돈은 죽은 돈이라 할 수 있어."

죽은 돈이라는 어감이 왠지 꺼려졌다. 사용하는 방법에 따라 180도 성질이 바뀌어버린다는 중요한 사실을 깨달은 사람은 도대체 얼마나 있을까.

"경제를 순환시키기 위해서도 그렇고, 돈과 풍요로움이 돌고 돌아 자신에게 돌아오게 하기 위해서도 그렇고, 가장 먼저 해야 하는 건 바로 돈을 쓰는 거야. 기브 앤 테이크인 셈이지. 나부터 먼저 손을 놔줄 필요가 있어. 나한테만 머무르게 하는 건 가난한 사람들의 전형적인 사고방식이지. 혼자 쌓아두려고 하면 할수록 사용되지 못한 돈은 점점 매력을 잃어가. 물론 자기 자신의 매력도 마찬가지고. 주변에 남는 사람들은 뺏으려는 사람들뿐이고. 그건 나눔이나 베풂, 풍족함, 순환과는 동떨어진 세상이겠지? 영원히 서로 어울리지 못하고 그 끝에 기다리고 있는 미래는 결코 밝지 않을 거야. 그런 세상에 살고 싶은 사람은 없지 않을까?"

"세상이란 게 정말 딱 두 가지로 나누어지네요."

"그렇단다, 아스카. 천국과 지옥의 젓가락 이야기 알고 있니?"

"그게 뭐예요?"

직원이 계산하는 동안, 오늘의 선물이라며 에비스 할아버지는 한 가지 짧은 이야기를 들려주었다.

'천국과 지옥의 차이는 무엇인가?'

호기심에 천국과 지옥을 견학하러 간 한 청년이 있었다. 청년은 먼저 지옥을 들여다보았다. 지옥에 있는 사람들은 모두 바싹 마른 말라깽이들이었다. 지옥이니까 아무래도 못 먹어서 그런가 싶은 생각도 잠시, 식탁으로 눈을 돌리니 그야말로 호화스러운 음식이 한 상 푸짐하게 차려져 있었다. 이렇게 풍족한 음식이 있는데 어째서 다들 바싹 말랐을까?

주의 깊게 살펴보니 사람들은 2미터 정도나 되어 보이는 긴 젓가락을 손에 들고 있었다. 몸보다 긴 젓가락으로 뭔가를 집을 수도 없거니와 아무리 애를 써도 도저히 먹을 수 없다. 상다리가 휘어지도록 차려진 음식도 그저 바라보기만 해야 한다면 아무런 의미가 없다는 사실에 청년은 어쩐지 슬퍼져서 지옥을 나왔다.

이어서 도착한 곳은 천국이었다. 주민들은 하나같이 모두 풍족하고 행복해 보였다. 건강함 그 자체였다. 준비된 음식이 다른가 싶어 식탁으로 눈을 돌리니 그곳에도 지옥과 마찬가지로 호화스러운 음식과 긴 젓가락이 있었다. 다만 음식을 먹는 방식이 지옥과 달랐다.

천국에서는 자기만 먹으려고 하는 주민이 단 한 명도 없었다. 제각기 건너편 사람과 짝을 이루어 서로 번갈아 먹여주고 있었다. 그렇게 서로 협력함으로써 모두가 배부르게 푸짐한 음식을 먹을 수 있었던 것이었다.

'상황은 같지만 혼자만 독차지하려 하는가 서로 나누려고 하는가, 그것 하나만으로도 세상은 이렇게나 달라지는구나.'

청년은 크게 감탄하며 견학을 마쳤다고 한다.

지금까지 막연하게 생각했던 '쟁탈'과 '나눔'이라는 두 개의 세상 구도가 어쩐지 이해가 되는 듯한 느낌이었다.

"나만 괜찮으면 된다는 사고방식은 풍요롭게 살아가는 데 방해가 될 뿐이야. 독점하지 않는 것, 다시 말해 나누는 것이 곧 부자가 되는 지름길이지."

할아버지는 "그럼 이제 가볼까" 하고는 싱긋 웃으며 일어섰다. 어느새 가게 안에는 아무도 없었다. 아까 옆자리에 있었던 여성은 과연 계약을 했을까? 에비스 할아버지의 이야기를 들려주고 싶었는데….

우리는 카페 주인에게 커피 맛있게 잘 마셨다는 인사말을 남기고 카페를 나왔다.

오늘의 배움 ────────────────────────

- 저축도 보험도 최소한으로 들어야 한다.

- 살아 있는 돈으로 만드는가, 죽은 돈으로 만드는가는 모두 하기 나름이다.

- 돈이 모여들게 하려면 독점하지 말아야 한다.

깨끗한 돈 vs 더러운 돈

"아스카, 이거 받으렴."

어느 날, 에비스 할아버지는 나에게 1천만 엔 가까이 들어 있는 종이쇼핑백을 건넸다. 예전이라면 할아버지가 들고 있는 종이쇼핑백을 만진다거나 가까이 가는 것조차 무서워했겠지만(대부분 억 단위의 금액이 들어 있어서다) 자주 봐서 그런지 어느새 그 가방에 대한 거부감이 사라졌다. 구두끈이라도 묶으시려는 걸까 했는데 할아버지는 나를 보며 싱긋 웃었다. 그리고 예상치 못한 말을 했다.

"그거, 줄까?"

"네?"

무슨 말인지 이해가 되지 않았다. 뭐지, 종이쇼핑백을 말하는 건가?

"괜찮아요. 오늘은 특별히 담을 큰 짐도 없고, 돈 가져가기도 번거로우실

걸요."

"아니, 쇼핑백 말고 돈 말이야."

"네?"

심장이 멎는 줄 알았다. 지금 내 손에 있는 건 1천만 엔? 혹시 위에만 진짜 돈인가? 아니다, 그렇다 해도 10만 엔은 내 한 달 아르바이트비보다 많은데. 몰래카메라인가? 놀리는 건가? 아니면 테스트? 대답이 틀리면 두 번 다시 만나주지 않으시려나? 많은 선택지가 떠올랐다가 사라지며 머릿속이 빙글빙글했다. 하지만 길거리에 마냥 멍하니 서 있을 수도 없는 법이었다. 어떻게든 의사 표현은 해야만 할 것 같아 간신히 쥐어 짜낸 답은, 팔을 뻗어 종이쇼핑백을 그대로 돌려주는 것이었다.

"받을 수 없어요."

"어째서?"

에비스 할아버지는 놀란 표정으로 물었다. 에비스 할아버지에게는 대수롭지 않은 금액이라 그런 걸까. 그래도 받아들일 수 없었다. 벌칙을 받는 것 같았다.

"받을 이유가 없어요. 에비스 할아버지한테는 푼돈일지 모르지만 저한테는 한 번도 만져본 적 없는 큰돈이기도 하고요."

"그건 알지."

에비스 할아버지는 자상한 미소를 보여주었다.

그럼 어째서? 혼란에 빠진 나를 보고 할아버지는 "잠시 앉을까?" 하며

20미터 정도 앞에 있는 나무 그늘의 벤치를 가리켰다. 이대로 있다간 쓰러질 것 같았다. 할아버지는 자판기에서 내가 좋아하는 로열 밀크티를 뽑아 나에게 건넸다. 그 옆에 앉아 달콤한 음료를 천천히 마셨다.

"이제 좀 진정이 되었니?"

"네… 감사합니다. 엄청 놀랐어요. 왜 아까 그런 말씀을 하셨어요?"

"아스카가 돈에 대해 어떻게 생각하는지 알고 싶었거든. 그렇게까지 놀랄 줄은 몰랐어, 미안하구나."

할아버지가 천진난만하게 웃었다.

"이젠 괜찮아요. 다행이에요, 몰래카메라나 무슨 시험인 건가 싶었어요. 사실 에비스 할아버지가 나쁜 사람이어서 범죄에 휘말리게 되는 건 아닌지, 그동안 설마 계속 속고 있었던 건 아닌가 그런 생각까지 했어요. 아, 죄송해요."

너무 놀란 탓에 말이 지나쳤던 것일까. 살짝 걱정이 되어 할아버지의 얼굴을 살펴보니, 변함없이 미소를 짓고 있었다. 아무래도 괜찮은 모양이다. 나는 안심하며 말을 이어나갔다.

"그것보다 할아버지, 알고 싶다고 하신 생각이 뭐예요?"

"말하자면 의미부여 같은 거지."

"의미부여요?"

"응, 인간이란 너무나 제멋대로여서 돈을 벌고 싶다, 부자가 되고 싶다고 말은 하면서도 자기 마음대로 돈을 편 가르는 사람들이 참 많거든. 이런 걸 심리학에서는 라벨링이라고 불러. 이 돈은 좋은 돈, 저 돈은 나쁜 돈, 이런 돈은 받고 싶지만 저런 돈은 받고 싶지 않다는, 그런 것 말이야. 예를 들어, 아스카는 아까 이 할아버지가 주려고 했던 돈을 그냥 돌려줬잖니? 하지만 가령 그게 복권 당첨금이라면 아마 거절하지 않고 받지 않았을까?"

맞는 말이다. 만약 그것이 복권이었다면 나는 3억 엔이나 되는 돈을 주저 없이 받았을 것이다. 내가 구입한 복권이어도 그렇고, 에비스 할아버지가 당첨된 거라도 나눠준다면 아마 받았을 것이다.

"이 라벨링이란 건 쉽게 말하자면 편식 같은 거지. 이건 좋고 저건 싫다는 식으로 선을 긋는 건데, 그건 아무런 의미가 없어. 돈에는 색깔이 없으니까. 돈 그 자체에는 깨끗하다, 더럽다, 좋다, 나쁘다 같은 개념이 전혀 존재하지 않아. 모든 건 개개인이 만들어낸 생각, 말하자면 단순한 편견에 불과하다는 거지."

할아버지는 예를 늘어놓았다.

"예를 들어

땀 흘려 열심히 일해서 번 돈 ⇒ 받는다.
복권으로 손에 넣은 돈 ⇒ 받는다.
남에게 사기 쳐서 번 돈 ⇒ 받지 않는다.

사기는 조금 과장된 표현이긴 하지만, 어떤 수단으로 얻은 돈이든 그것이 자기 수중에 돌고 돌아 들어온 거라면 냉큼 받는다. 그것이 바로 중립적인 상태야. 그런데 말이야. 사람들은 돈의 출처에 관심을 두는 경향이 있지.

그런 돈은 받지 않겠다.
빚까지 지면서 받고 싶지는 않다.
싫은 일을 하면서까지 받고 싶지는 않다.
초과근무를 하면서까지 받고 싶지는 않다.

하지만 이 돈을 나 자신으로 바꿔 넣어 생각해보자. 내가 이렇게 상대방 눈앞에 버젓이 서 있는데도 '넌 필요 없어'라는 말을 들으면 어떤 기분이 들까? 그런 말을 들으면 '왜 내가 필요 없지' 하면서 쓸쓸하고 슬프다는 생각이 들지 않을까?"

맞다. 눈앞에서 그런 말을 들으면 좌절할지도 모른다.

"이렇게 자꾸 선을 그어버릴수록 돈과 점점 멀어지게 돼. 자기 스스로 이런 돈은 싫다, 저런 식의 풍족함은 필요 없다, 이러면서 받은 걸 되돌려주니까. 이런 거절을 반복하다보면 점점 어떤 성질의 돈도 들어오지 않게 되지."

돈은 외로움을 잘 탄다고 예전에 에비스 할아버지가 했던 말이 떠올랐다. 돈은 외로움을 잘 타는 데다 잘 삐지기도 하는 건가? 나랑 비슷했다. 아주 조금 돈에 친근감을 느꼈다.

"당연한 말이지만 돈은 어디까지나 그냥 돈일뿐이야. 자기 마음대로 의미를 부여하더니 받지 않겠다고 거부하고는 돈이 더 많으면 좋겠다고 하는 건 모순 아닐까? 부자가 되겠다면 그게 어떤 돈이든 차별하지 않고 받을 수 있어야 하거든. 그런 사람이 먼저 된 후에야 이건 좋고 저건 싫다고 말할 수 있게 되는 거지. 이건 중요한 거란다. 처음부터 이것저것 따지다 보면 받을 수 있는 것까지도 놓쳐버리니까. 이 순서가 뒤바뀌지 않도록 조심하려무나."

어떤 돈이든 받을 수 있는 사람이라니, 지금의 나는 어떤 돈은 받을 수 있고 어떤 돈은 받을 수 없다는 의미인 걸까? 생각에 잠기기 시작한 나를 보고 "하나씩 찾아볼까?"라고 에비스 할아버지가 제안했다.

"지금 떠오르는 게 있니? 받기 조심스러운 돈이라든가 뭐 그런 거. 아니면 그런 식으로 돈을 벌다니, 참 구차스럽네, 배 아프네, 뭐 이런 거라도 상관없어. 뭔가 생각이 나려나?"

"음, 범죄에 관련된 돈은 좀 그렇잖아요? 그런 걸 빼면 노력하지 않았는데도 쉽게 돈 버는 사람이 떠올라요. 아니면 집안에 돈이 있어서 용돈으로 한 달에 몇 백만 엔을 받는 사람도 솔직히 좀 그래요. 아르바이트를 하지 않는데도 풍족한 것 같은 친구나, 예쁜 얼굴로 매일 얻어먹고 다니는 선배나, 비싼 카페나 음식점을 여유롭게 돌아다니는 전업주부, 그리고 아는 사람은 아니지만 어느 날 우연히 텔레비전에 나오더니 갑자기 대박 난 연예인이라든가, 유명인과 결혼한 일반인이라든가, 뭐 그런 사람들을 생각하면 배가 아파요."

이렇게 늘어놓으니 내 마음이 얼마나 좁은지 그대로 드러나는 것 같았다. 점점 더 부끄러워졌다. 그 감정의 밑바닥에 부러움이 있다는 건 물론 나도 알고 있었다. 치사하게 왜 그 사람들만 그렇게 잘 사는 거야? 그렇게 비교해봤자 무의미하다는 걸 알면서도 나도 모르게 비교하게 되었다. 비참했다. 그런 나를 바라보던 에비스 할아버지는 천천히 이야기를 시작했다.

"괜찮아. 인간이란 자신이 갖지 못한 걸 가진 사람들을 보면 자기도 모르게 비교하게 되고 질투심도 느끼곤 하거든. 그건 자연스러운 인간의 본능이라 할 수 있지.

이런 방식으로 돈 버는 사람은 싫다.
부자 부모에게 돈 받아 쓰는 사람은 싫다.
능력 대신 아부로 돈 받는 사람은 싫다.

이런 식으로 타인이 어떻게 돈을 받는지에 대해 부정적으로 바라보거나 비판을 한다는 건 애당초 자기 자신에게 그런 삶에 대한 동경이 있었다는 거야. 강한 부정은 강한 긍정이라는 말처럼 말이야. 아마 아스카도 그렇게 편하게 돈을 벌고 싶다는 생각을 한 적이 있을 거야. 스스로 인정하고 싶지 않을 수도 있지만 말이야. 그런데 음, 이것을 해결할 방법을 추천한다면, 한번 그런 가림막들을 전부 없애보는 게 어떨까? 그러면 돈을 벌 수 있는 방법이 얼마나 많은지 잘 보이게 될 것 같구나. 종종 돈 버는 건 재능이라고 말하는 사람도 있는데 난 그렇게 생각하지 않아. 돈 버는 건 재능이 아니라 능력이야. 처음부터 가지고 태어나는 재능이 아니라 연습에 연습을 거듭하며 비결을 파악하게 되면 누구든 돈을 벌 수 있다는 말이지. 당연히 아스카도 마찬가지고."

돈을 버는 방법이 여러 종류라니. 돈 버는 것도 능력이라고 한다면 가능한 한 다양한 방법을 알아두는 게 내가 활용하기에 좋을 것이다.

"돈을 잘 버는 사람은 다른 말로 돈을 잘 받는 사람이라고 할 수 있어. 돈이 돌고 돌아 내 품에 들어온 순간을 놓치지 않은 거지. 그리고 돈이 쉽게 들어올 수 있는 구조까지도 만들어버린 거야. 돈이 들어오지 않는 상황은 아예 상상도 하지 않거니와 돈이 있는 게 당연하다고 진심으로 굳게 믿고 있는 거지. 그러니 계속해서 돈이 들어오는 거란다."

돈을 벌 수 있다고 믿어 의심치 않는다면 돈은 자연스럽게 들어온다. 나서서 필요 없다고 거절하지 말고, 엄격한 잣대를 들이대며 판단하지 않는다. 이것은 사람과의 관계뿐 아니라 돈과의 관계에서도 중요한 것이었다.

"겉으로 보이는 좋고 나쁨으로 뭔가를 판단하는 건 이제 그만하자꾸나. 돈을 어떻게 벌었고, 어떤 돈을 받을 거고, 어떤 돈은 받지 않을 거라는 식으로 판단하는 거 말이야. 돈 자체는 좋은 것도 아니고 나쁜 것도 아니야. 돈은 어디까지 교환권에 불과해. 1백만 엔, 1천만 엔, 1억 엔, 10억 엔, 1백억 엔, 그 금액과 자신이 원하는 어떤 걸 교환하기 위해 돈이 존재한다는 사실을 기억하면 좋겠구나. 여기서 그 어떤 것이란 물건일 수도 있고 서비스나 경험 같은 것일 수도 있겠지? 그리고 궁극적으로 그 끝에는 감정이 있을 거야. 돈을 통해 우리는 많은 경험을 하고 그 경험을 통해 많은 감정들을 얻게 되니까. 따라서 돈을 잘 버는 사람들은 똑같은 시간을 살았다 할지라도 경험 면에서는 차이가 날 수밖에 없어. 많은 경험을 했으니 인생에서 성장하는 속도도 빠를 거고. 본래 돈 자체는 깨끗한 것도, 더러운 것도 아니야. 마음대로 그런 의미를 부여한 건 우리 인간들이니 이쯤에서 그런 잣대는 그만 들이대고 돈 그 자체만을 바라보기로 하자. 그런 다음 나중에 자기가 가장 좋아하는 방식으로 돈을 벌고 돈을 받을 수 있는 방법을 단련해가면 되는 거니까. 분명하게 말할 수 있는 건, 돈을 깨끗이 벌고 깨끗하게 쓸 수 있는 사람이 결과적으로 돈에게서 사랑을 받는단다. 다만 그러한 경지에 이르기 위해서는 돈에 대해 중립적인 관점과 태도를 가져야 해."

돈 그 자체를 중립적으로 바라본다는 것은 지금까지 내게 없던 개념이었다. 내 나름대로는 돈에 서툴지 않은 사람이라 여겨왔는데, 내재된 선입견은 아무래도 남들만큼 있었던 모양이다. 의미 부여가 개개인의 가치관이나 취미, 취향에 따라 제각기 다르다고 한다면, 돈과 진정으로 마주한다는 것은 곧 자기 자신과 정면으로 마주하는 작업인 셈이었다.

나의 치사하거나 약한 부분, 추한 감정을 직시하는 것부터 시작해야 한다고 생각하니 이 여행은 터무니없이 긴 여정이 될 것 같았다. 평생에 걸친 여정이 될지도 모른다. 역시 하루아침에 부자가 될 수는 없나 보다.

오늘의 배움 ————————————————————————

- 돈에 자기 마음대로 의미를 부여하지 않는다.

- 받기 꺼리는 돈이 있다는 것은 자기 안에 그런 식으로 편하게 돈을 버는 것에 대한 동경이 있다는 뜻이다.

- 깨끗한 돈을 벌기 위해서는 돈 자체를 중립적으로 바라봐야 한다.

혼자서도 살 수 있는
경제력을 갖춰라

"너, 남자들보다 돈을 많이 벌고 싶지는 않지?"

느닷없이 훅 들어온 그녀의 말에 나는 정신이 없었다. 가슴 부위가 시원하게 파인 랩 원피스에 손에 병맥주를 든 그녀는 컬이 들어간 풍성한 머리를 쓸어올리며 눈 하나 깜빡이지 않고 나를 가만히 바라보았다. 가볍게 그린 눈썹에 긴 속눈썹, 새빨간 립스틱. 아름다움에 넋이 나간 것도 잠시, 나는 거의 심문 받다시피 그녀와 마주 앉았다. 뭐지, 점쟁이라도 되나? 나는 도움을 청하듯 옆에 앉은 에비스 할아버지를 쳐다보았다. 할아버지는 그런 건 익숙한 듯 아무렇지 않게 그녀를 달랬다.

"아이고, 살살 좀 하렴. 너도 스무 살 때는 지금 같지는 않았잖니?"

"그랬나요? 전 처음부터 주위 남자들보다 우월하다고 생각했고, 경제적으로든 연인 사이에서든 갑의 위치에 있다고만 생각했는데요?"

그녀는 "너"라며 강한 어조로 다시 나에게 말을 걸었다.

"너 말이야, 돈을 많이 벌면 남자들이 싫어하진 않을까, 돈 버는 여자는 억척스럽다고 보진 않을까, 기가 세다고 여기진 않을까 걱정하고 있는 거 아니니? 너처럼 돈을 벌기도 전에 그런 망상을 하면서 주저하는 여자들이 많거든. 그런 식이라면 돈을 벌 수 있을 리가 없잖아? 돈 못 버는 나, 일하지 않는 나에 대한 변명에 불과하다고 봐. 같은 여자로서 부끄럽기 짝이 없어, 정말. 그런 사고의 틀 안에 살고 있으면 아무리 시간이 흘러도 결코 부자는 될 수 없어. 할아버지가 재미있는 애가 있다고 해서 일부러 시간 내서 왔는데, 별거 아니네. 그냥 평범한 여자애잖아."

그렇다. 그녀는 에비스 할아버지의 조카, 후지코 씨였다. 미국에 살고 있는데 마침 볼일이 있어서 일주일 동안 귀국했다고 했다. 헤지펀드 일을 하면서 엄청난 급여를 받는다고 들었다. 남편도 금융계의 큰손이라나 뭐라나. 에비스 할아버지는 "아이고 그렇게 말하지 말고"라며 어떻게든 중재를 하려고 했다. 후지코 씨는 가장 좋아한다는 딸기가 듬뿍 들어간 파르페가 오자마자 아무 말 없이 반 정도 먹어치웠다. 당이 들어가니 조금 차분해진 것 같았다.

"난 말이야, 돈 잘 버는 나 자신을 자랑스럽게 여기지. 여자가 돈을 벌면 안 된다고 생각해본 적이 없어. 돈을 벌면 할 수 있는 게 얼마나 많이 늘어나는데. 더구나 나 자신은 물론이고 내가 소중히 여기는 사람들도 지킬 수 있고 말이야. 지금은 어쩌다 보니 엄청 바쁜 곳에서 일하고 있긴 하지만 나는 이미 지금까지 번 돈만으로도 평생 호화롭게 살 수 있어. 그래서 스트레스 없이 즐겁게 일하지. 뭐, 물어볼 거라도?"

"그러니까 돈을 많이 버는 건, 유능해서인가요? 그 정도가 되기까지 밤늦게 야근하고 싫은 일을 떠맡기도하고, 무리해서 일하기도 했나요?"

약간 기가 죽은 나는 조심스럽게 물어보았다.

"몸을 혹사하지 않으면 돈을 못 번다고 생각하니? 너 참 바보구나. 그런 게 어디 있어. 내가 그런 걸 참을 수 있을 것 같아? 그런 고정관념이 문제라고 봐. 돈을 버는 방법은 수없이 많거든. 싫은 건 하지 않아도 돼. 얼마나 깊이 고민하느냐에 따라 다르지."

후지코 씨는 이어서 말했다.

"그게 바로 사람들의 편견이 아닐까. 무리하면서 돈을 번다는 건 반대로 말하면 무리하지 않으면 돈을 못 번다는 말이 되잖아? 뭔가를 얻기 위해서는 뭔가를 포기해야 한다며 일일이 교환 관계로 생각하는 사람들이 많은데, 난 아니라고 봐. 사실 나 같은 사람은 세상에 널려 있어. 아니 내 주변에는 그런 사람들밖에 없다고 해야 더 맞는 말일 거야. 좋은 것만 하고 사는 사람들도 많거든. 만약 너도 그런 삶을 살고 싶다면 얼마든지 그럴 수 있다고 생각해. 충분히 그런 삶을 살 자격이 있으니까 기죽지 말라는 거야."

문득 후지코 씨는 뭔가가 생각난 것처럼 도톰한 입술 언저리에 손가락을 대고 나에게 물었다.

"부잣집에 시집가고 싶어?"

지나칠 정도로 직설적인 질문에 조금 겁을 먹긴 했지만, "뭐, 가능하면요" 라고 일단 대답했다.

"좋지."

그녀는 예상과 달리 들뜬 표정으로 이제껏 본 적 없는 환한 미소를 보였다.

"부잣집 남자 멋지지. 이런 자본주의사회에서 돈을 잘 번다는 건 그가 얼마나 사회의 규칙에 잘 적응한 유능한 사람인지를 고스란히 보여주는 증거인 거잖아. 나도 부자가 좋아, 다만!"

반짝반짝 빛나는 소녀 같은 눈으로 즐거운 듯이 재잘댄다고 생각했는데, 갑자기 목소리 톤을 낮췄다. 후지코 씨는 테이블 위로 몸을 내밀어 나를 구석구석까지 관찰한 뒤, 한마디 했다.

"지금 보니까 부잣집에 시집가긴 힘들겠네."

정면에서 그런 말을 들으니 기가 죽을 수밖에 없었다. 더구나 이런 미인 한테 그런 말을 듣다니. 굳이 말하지 않아도 이미 알고 있는데, 그렇게 딱 잘라 말할 것까진 없지 않나?

"왜일 거라고 생각하니?"

"그거야 후지코 씨처럼 예쁘지도 않고 머리도 좋지 않고 자신감도 없고…."

"나처럼은 될 수 없겠지. 당연하잖아."

그녀는 가볍게 코웃음을 치며 말을 이어나갔다.

"유감스럽게도 젊음이나 아름다움 같은 것들은 언젠가 늙으면 사라지는 것들이지. 물론 예쁘게 나이 먹을 수는 있겠지만. 그렇다고 해서 시간을 멈추거나 되돌릴 수는 없어. 경제력은 나이에 비례하지만, 외모는 반비례하거든."

후지코 씨는 진지한 눈빛으로 나를 바라보았다.

"외모가 장점이 아닌 나이가 되면 남는 건 뭘까. 나이 들었을 때 승부를 걸어야 하는 건 지성이나 교양, 경험, 그리고 그런 것들이 한데 어우러져 뿜어내는 자신감 같은 내적인 부분 아닐까. 이런 것들은 색이 바라지 않고 점점 매력을 더해가거든. 더구나 내적인 매력은 가능하면 일찍 갖출수록 연애 상대나 결혼 상대를 찾을 때도 우위에 설 수 있지. 설마, 내면은 텅 빈 상태로 나이만 먹은 여자가 되고 싶은 건 아니겠지?"

단도직입적인 말투에 멈칫하면서도 나는 "네"라며 고개를 끄덕였다.

"그럼 지성이나 교양은 어떻게 쌓는 건지 아니? 현모양처를 원하는 남자를 찾는다면 요리나 꽃꽂이 같은 걸 배우는 것도 나쁘진 않을 거야. 하지만 나도 대충 배워봤는데, 벼락치기로 쉽게 배울 수 있는 것들은 아니야. 그것보다 훨씬 빠르고 효과적인 걸 원한다면 투자나 비즈니스를 해야지. 돈이나 경제 이야기는 여자들이면 대부분 멀리하니까, 아주 조금만 알아둬도 크게 차이가 날 거야."

맞는 말이었다. 에비스 할아버지 같은 부자들과 처음으로 알고 지내게 된 것도 내가 돈이나 투자에 관심을 보였기 때문이다. 이런 스무 살 여대생이 신기했던 건지 대화가 활기를 띠었다.

"부자 중에 투자하지 않는 사람은 없어. 그게 금융이든 사업이든 아니면 부동산이든 상관없이 말이야. 부자는 반드시 어떤 식으로든 투자를 하지. 돈이 일해주지 않으면 부자가 될 수 없으니 그건 당연한 거겠지."

부자 중에 투자하지 않는 사람은 없다. 이 말은 곧 그럼 투자를 하면 부자들과 만날 가능성도 높아진단 뜻인가? 후지코 씨는 그런 나의 마음을 꿰뚫어 본 것처럼 현실을 말해주었다.

"이 세상은 말이야, 몇 개의 층으로 나누어져 있어. 이건 인간의 우열과는 전혀 상관없어. 단순히 자산별로 몇 개의 층이 분류되어 있다는 의미야. 그리고 사람도 마찬가지로 자산 상황이 같은 사람끼리 같은 활동 영역을 형성하는 경향이 있어. 끼리끼리 논다는 말 그대로지. 그래서 돈을 포함해 자기 자신의 단계가 올라가면 주변에 있는 사람들도 싹 바뀌게 되는 거야."

자신과 가까운 사람 5명의 평균 연봉이 곧 자신의 연봉이 된다고 한다. 인간관계는 계속 변화한다. 중학생일 때의 나와 지금의 나, 사회인이 된 나를 비교하면 주변 사람들의 연봉은 상당히 많이 바뀔 것이다.

"도쿄 시내에 사는 남자들 중에 결혼 상대가 될 사람은 몇 퍼센트 정도나 있을 것 같아?"

"어, 20% 정도일까요?"

"땡! 어디부터를 결혼 상대로 삼는가에 따라 물론 다르겠지만, 이것과 관련된 재미있는 통계가 있는데 한번 들어볼래? 통계에 따르면 미혼에 35세 이하면서 연수입이 6만 엔 이상인, 도쿄에 거주하는 남자의 비율은 전체의 3.5%라고 해. 이 수치를 기억해두면 편리할 거야. 내 주변에 있는 미혼남자는 전부 이 수입에 만족하고 있긴 하지만. 뭐, 어쨌든 있는 곳엔 있고 없는 곳엔 없다, 그런 얘기인 거지. 여자들이 자기가 원하는 조건에 맞는 사람들과 못 만나는 건 자신이 노는 물이 그런 남자들이 노는 물과 다르기 때문이야. 이유는 그거야. 단 한 명도 원하는 조건에 해당하는 사람이 없는 곳에서 아무리 눈을 크게 뜨고 계속 찾아 헤매봤자 찾을 수가 없겠지. 스무 살이라면 어쩌면 결혼은 좀 나중 일이라 생각할지도 모르지만, 네가 만약 진심으로 부자랑 만나고 싶다면 너의 수준부터 올려야 해. 수준을 올리라는 말은 그저 외모만 잘 가꾸면 된다는 말이 아니야. 절대 착각해선 안 돼. 땅에 온전히 네 두 발로 서라는 말이야. 다시 말해 너의 수준을 끌어올리라는 의미야."

어조는 신랄했지만 이상하게도 후지코 씨의 말은 내 안으로 깊이 들어왔다. 그건 그녀가 자신의 삶을 통해 보여준 자신감에서 우러나왔기 때문일지도 모르겠다.

"알겠니? 잘 들어봐. 여자가 돈을 번다는 건, 자신의 삶 자체가 풍요로워지는 건 물론이고 부자와 결혼할 확률도 높아진다는 걸 뜻해. 자연스럽게 주변에도 부자가 많아지겠지. 삶이 풍족해졌으니 정신적으로도 자유로워지고 여유도 생겨나서 더욱더 멋진 남자들만 주변에 모여들게 될 거야. 어때? 장점이 많지 않니?"

경제적으로 자립하면 남자에게 기대지 않고 살 수 있다. 나아가 의지가 되는 사람도 많이 만날 수 있다. 기대도 되고 기대지 않아도 되는 두 가지의 선택지를 가진 삶은 굉장히 마음이 편할 것 같았다.

"남자에게 일방적으로 선택받는 시대는 이제 끝났어. 지금은 여자도 고르는 시대야. 이를 위해서 지금 네가 해야 할 건 혼자서도 충분히 살아갈 수 있을 만큼의 경제력을 스스로 몸에 익히는 것. 그게 최고의 해답이야."

그렇게 거리낌 없이 말하는 후지코 씨는 너무나 힘이 넘치고 시원시원했다. 그건 경제적 자립을 몸소 체험해본 그녀의 말 한마디 한마디에 저항할 수 없는 설득력이 깃들어 있기 때문일 것이다. 자립한 여자. 이건 그녀를 만난 그날 이후 늘어난 나의 새로운 목표다.

오늘의 배움

- 투자에 관심을 가지는 것은 나를 차별화하는 방법 중 하나다.
- 세상은 자산에 따라 급이 나누어져 있다.
- 경제적으로 자립하면 인생의 선택지가 넓어진다.

- 시간은 돈으로 살 수 있다
- 숫자에 약해도 투자에 성공할 수 있다
- 임신 · 출산 · 육아 중에도 계속 돈을 벌고 싶다면?
- 수입원이 하나뿐인데도 불안하지 않다면 당신은 무감각한 것이다
- '투자'는 일하지 않고 돈을 버는 최고의 수익 창출 비법이다
- 한 사람이라도 성공했다면 나 또한 성공할 수 있다

2장

스무 살 여대생이
투자를 선택한 이유

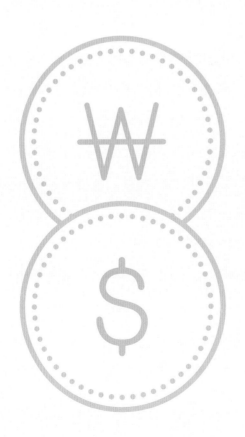

시간은 돈으로 살 수 있다

즐길 수 있을 때 마음껏 즐기라는 이야기를 많이 듣는다. 이 말은 내가 대학에 입학하기 전, 아니 훨씬 전부터 주변에서 했던 말이다. 그러면서 자유를 누릴 수 있는 마지막 시기인 대학생 때 마음껏 즐기라고 했다. 하지만 나는 그 말이 나를 바보 취급하는 것 같아서 달갑게 들리지 않았다.

틀린 말은 아니었다. 내가 가장 가까이에서 본 전형적인 노동자상은 바로 아버지였다. 아버지는 밤낮없이 일했다. 내가 아는 어른 중에 일하지 않고 돈을 버는 사람은 아무도 없었다. 아무리 그래도 인생에서 누릴 수 있는 마지막 자유라는 말은 너무했다. 그런 걸 다른 사람이 마음대로 정하게 하고 싶진 않았다. 그리고 어른이 된다는 게 자유를 빼앗기는 것이라고 생각하고 싶지도 않았다. 영원히 오늘이 가장 즐거운 삶을 살고 싶었다. '그때가 참 즐거웠지'라고 과거를 회상하면서 투덜대기나 하는 초라한 어른이 되고 싶진 않았다.

시간은 많은데 돈이 없는 학생, 돈은 있지만 시간이 없는 직장인. 많이 들어본 말이기도 하고 주변 어른들만 봐도 그런 식으로 살아가는 사람들뿐이었다. 하지만 난 어떻게든 이 상식을 뒤엎고 싶었다.

수입 = 노동시간 × 노동시급

이 등식이 성립되지 않는 세계로 가고 싶었다. 어딘가에는 이것과는 다른 삶의 방식도 있을 것이라는 생각이 들었다. 내가 모르는 것일 뿐, 반드시 빠져나갈 길이 있을 것 같았다. 유예기간은 4년. 만약 빨리 찾지 못한다면 나는 이대로 예정된 인생을 보내야 한다. 물론 그렇게 살아도 그냥저냥 행복한 인생이긴 할 것이다. 사고가 정지된 상태에서 그냥 레일 위에 올라타 있기만 하면 된다. 그러면 컨베이어 벨트가 자동으로 평범한 미래로 나를 데려갈 것이다. 나의 의사 따윈 개의치 않고 그 나름대로 살아갈 수는 있을 것이다.

나에게 묻고 싶었다. 정말로 그런 삶에 만족하는가? 만약 시간과 돈을 동시에 손에 넣을 수 있는 방법을 정말로 찾을 수만 있다면, 인생은 더욱더 재미있어질 것이다.

"밖으로 나가자."

내가 아는 사람들 중에 해당하는 사람이 없다면 다른 곳으로 찾으러 가면 된다. 나는 롤 모델이 될 만한 사람들을 찾기로 했다. 70억이나 되는 인구가 있는데 전 세계 어딘가에는 반드시 존재하지 않겠는가. 자극도 없고 한없이 지루하기만 한 일상. 다행히 나에게 시간만큼은 넉넉히 있었다.

노동하지 않아도 되는 마지막 유예기간 중에 노동하지 않아도 되는 방법을 찾는 것. 이것이 나의 대학생활의 숨은 과제였다. 무슨 꿈같은 소리를 하는 거냐며 어이없어 할 것 같아 아무에게도 말하지는 않았다. 나는 한 번도 가본 적 없는 곳이나 만나본 적 없는 사람들을 찾아 나섰다. 내 삶의 반경을 넓히기 위해 적극적으로 발을 내딛자 그곳에는 예상하지 못했던 많은 사람들과의 만남이 나를 기다리고 있었다.

그중에서도 특히 인상 깊었던 것은 대학교 근처에 있는 구멍가게 할머니와의 만남이었다. 수업을 땡땡이치고 산책하러 갔다가 우연히 발견한 곳이었다. 할머니의 따뜻한 분위기가 왠지 모르게 좋아서 주기적으로 가곤 했다. 낡은 가게 진열대에는 언제나 물건이 꽉꽉 채워져 있었지만 가게 안에서 나 이외의 다른 손님을 본 적은 단 한 번도 없었다. 그럼에도 역 바로 앞이라는 좋은 입지 조건 때문인지 수십 년째 가게는 계속 그 자리에 있었다. 언제나 처마 밑 둥근 의자에 오도카니 앉아 있는 게 전부인 할머니. 도대체 할머니는 어떻게 생활을 하는 걸까? 어마어마한 유산이라도 상속받은 걸까?

어릴 때부터 한번 의문이 생기면 가만히 있지 못하는 성격이어서, 할머니에게 직접 물어보기로 했다.

"할머니, 손님은 좀 있나요?"

"글쎄다, 돈이 좀 되면 좋으련만. 어떠냐, 여기서 손님 본 적은 있니?"

할머니는 언제나처럼 인자한 미소를 지으시며 웃는 얼굴로 되물었다. 아니, 단 한 번도 본 적이 없었다. 내가 모르는 손님이 있을지도 모른다는 생각에 물어본 건데, 아무래도 그런 건 없는 모양이었다.

"그럼… 할머니는 어떻게 생활하세요?"

나도 연금이라는 개념은 알고 있었다. 할머니 세대는 납부한 금액보다 많이 받을 수 있는 세대라고는 하지만, 그래도 이 가게를 계속 유지할 수 있을 만큼 충분할 리는 없었다. 할머니는 노래라도 부르듯이 경쾌한 목소리로 이렇게 말했다.

"우리 집이 다달이 내게 돈을 날라다 준단다. 감사한 일이지."

예상 밖의 대답이었다. "그래, 숨길 게 뭐가 있냐" 하시던 할머니는 사실 이 일대를 좌지우지하는 대지주였다고 한다. 옛날에 사들인 토지에 아파트나 빌라를 세워서 그걸 밑천으로 수십 년간 착실하게 운용해, 지금은 아무 일을 안 해도 매달 수입이 1천만 엔 이상 들어온다는 거였다. 정말 아무것도 안 해도 돈을 버는 사람이 세상에 있다니 신기했다. 심지어 전혀 부자 같지도 않은데 말이다.

"이게 그렇게 놀랄 일이니?"

놀란 나머지 너무나도 바보 같은 표정을 지었던 모양이다. 할머니는 어깨가 들썩거릴 정도로 크게 웃으며 말했다.

"세상은 가진 사람, 못 가진 사람으로 구분되는 것 같지? 못 가진 사람들은 일하지 않으면 돈이 나올 데가 없지. 그렇지만 재산이 있으면 일할 필요가 없어. 재산이 있으면 돈이 돈을 번다고 할까, 자기 맘대로 돈을 데리고 오거든. 그러면 나머지 인생은 자기가 하고 싶은 것만 하면 돼. 일하지 않으면 돈이 들어오지 않는다는 건 잘못된 생각이야."

난 지금까지 쭉 잘못된 생각을 해왔던 건가? 일 때문에 우울해하고 일에 치여서 죽는 사람들은 사실은 그렇게 힘들게 살지 않아도 됐던 건가?

"그럼 왜 많은 사람들이 그렇게 힘들게 일하며 살아가는 거예요?"

"몰라서 그런 게 아닐까? 예를 들어, 땅을 사거나 부동산업을 하면 돈이 된다는 지식은 머릿속에 있지만 자기가 그걸로 돈 버는 건 불가능하다고 처음부터 단정 지은 거지. 할 수 없다고 이미 포기하고 있으니 굳이 방법을 찾아볼 생각조차 안 했겠지."

다소 낙담한 듯한, 뭐라 설명할 수 없는 표정으로 할머니는 "참 안타까운 일이지"라는 말을 덧붙였다.

"제가 그렇게 될 수 있을 거라고는 솔직히 생각 못 할 것 같아요. 할머니는 시대를 잘 타고나서 그런 행운이 있으셨던 것 아닐까요? 좀처럼 만나기 어려운 기회가 제 인생에도 찾아올까요?"

물론 적절한 타이밍에 모험을 할 수 있었던 것도 할머니의 수완이라고 생각했다.

"어떻게 돈을 벌지는 시대에 따라 바뀔 거야. 인구가 점점 줄어드는 걸 보면 굳이 부동산을 투자 수단으로 고를 필요는 없을 것 같구나. 나도 지금 뭔가 해야 한다면 다른 걸 선택할지도 모르겠다. 다만 한 가지 말할 수 있는 건, 아무리 세상이 바뀌어도 일하지 않고 돈 버는 방법은 어떤 시대든 있다는 거야."

부동산이 아니라도 된다. 일하지 않고 돈을 버는 방법은 어느 시대에든 있다. 이 말이 특히 와닿았다.

"돈보다 중요한 건 시간이란다. 그렇지 않아도 짧은 인생인데 그다지 좋아하지도 않는 일, 싫어하는 일까지 하다 보면 정말로 좋아하고 소중한 것들에 할애할 시간이 줄어들지 않을까? 그래서 이 할머니는 가능하면 내가 하지 않아도 되는 건 전부 다른 사람에게 맡기고 있어. 관리나 수금 같은 것 말이다. 원하는 만큼 돈이 저절로 들어오게만 만들어놓으면 돼. 너무 자잘한 과정에는 흥미가 없거든."

할머니는 한 달에 몇 번씩 놀러오는 아들 가족과 보내는 시간이 아주 즐겁다고 했다. 만약 부동산 수입이 없었다면 가게 유지를 위한 스트레스 때문에 손자와도 충분히 시간을 보낼 수 없었을 것이라고 웃으며 말했다.

"돈을 버는 방법은 참 많이 있지. 하지만 아무리 만족할 만큼의 돈을 벌었다고 해도 정작 그걸 사용할 시간이 없다면 어떻겠니? 뭘 위해 그렇게 돈을 벌었나 싶지 않을까? 시간은 생명과 같은 거야. 너무 함부로 다루지 않도록 하려무나."

집으로 돌아가는 길, 석양에 비친 아스팔트길을 멍하니 바라보며 나는 할머니가 말씀하신 내용을 곱씹어보았다.

돈 버는 방법은 엄청 많다.
일하지 않아도 돈을 벌 수 있다.

이 시점에서 이런 사실을 배웠다는 사실 자체가 커다란 수확이었다. 시간적 여유가 많은 할머니와 졸업 전까지 시간이 있는 나. 할머니와 나의 차이는 부자인가 아닌가였다. 하지만 이건 엄청나게 큰 차이였다. 나는 시간의 자유를 손에 넣었던 것이 아니라 단지 시간을 낭비하고 있었던 것인지도 모른다.

지금까지는 그저 돈만 벌면 되는 줄 알았다. 그러나 아무래도 내가 꿈꾸는 이상적인 삶의 모습은 한 단계 뛰어넘은 저 너머에 있는 모양이었다. 아무것도 하지 않아도 돈을 버는 사람이 내 가까이에 있었다니! 할머니에게 행복이란 그렇게까지 돈을 많이 벌지 않아도 이룰 수 있는 것처럼 보이기도 했다. 하지만 그녀에게 돈이 있다는 사실이 주는 안정감은 그녀를 훨씬 더 온화하고 행복하게 만들었다는 생각이 들었다.

하고 싶은 것을 하기 위해서는 돈 말고도 충분한 시간이 필요했다. 실마리가 되는 것은 아마도 돈이 들어오는 '구조 만들기'일 것이다. 단순히 돈을 손에 넣는 것만을 목표로 삼는다면, 세상에는 나름대로 돈 버는 방법들이 많이 있다. 하지만 돈과 시간을 동시에 충족할 수 있는 방법을 찾는다면 선택할 수 있는 폭이 훨씬 좁아진다.

만족할 만큼의 돈과 자유롭게 쓸 수 있는 시간을 함께 얻으려면 내가 계속 일을 해서는 안 되는 것이었다. 일하지 않아도 저절로, 혹은 거의 일하지 않고도 돈이 들어오는 루트가 필요했다. 이 사실을 깨달은 나는 앞으로 어떻게 하면 내 시간을 쓰지 않고도 돈을 많이 벌 수 있는지 방법을 모색하게 되었다.

오늘의 배움

- 돈 버는 방법은 수없이 많다.
- 돈 버는 방법은 월급 외에도 무궁무진하다.
- 시간을 자유롭게 쓰려면 돈이 저절로 들어오는 구조를 만들어야 한다.

숫자에 약해도
투자에 성공할 수 있다

어떻게 하면 시간을 들이지 않고도 큰돈을 벌 수 있을까. 어떤 방법이 그런 구조를 만들 수 있을까. 고민 끝에 사업과 투자라는 방법까지 선택지를 좁혔다. 특별히 이게 좋겠다 싶은 건 없었다. 회사를 차리면 크게 키운 후 사원들에게 전부 맡기기까지 적어도 10년은 걸릴 것이다. 10년이라는 기간은 내게 너무 길었다. 지금까지 살아온 인생의 절반이나 소비해야 하니까. 나에게는 그만큼의 열정도, 주목받고 싶은 마음도 딱히 없었다. 더구나 뭐든 쉽게 질리는 성격이었다. 투자는 경영과 달리 누군가를 고용할 필요는 없으니 도중에 그만두고 싶어진다 해도 누구에게도 피해를 끼치지 않을 것이다.

이렇게 나와 맞지 않는 것들을 하나씩 지워나갔다. 나의 성향을 생각해봤을 때 사업보다는 투자가 맞을 것 같다는 결론에 이르렀다.

결심을 하고 나면 당장 움직여야 직성이 풀렸다. 일단 시작하고 보자는 생각이 들었다. 하지만 예상치 못했던 복병을 만났다. 용어의 벽이었다. 도저히 종잡을 수가 없었다. 한 번도 들어본 적 없는 단어들뿐이었다. 우리말처럼 느껴지지도 않았다. 이건 외국어인가 외계어인가, 그것도 아니면 무엇인가. 게다가 종류도 너무 많았다. 무얼 고르면 좋을지도 모르겠고 구조도 모르겠다. 그리고 결정적으로 나는 숫자를 너무너무 싫어했다. 큰일이었다. 생각지 못한 맹점이었다. 이런 내가 투자로 성공할 수 있는 방법이 있을까 하는 의문이 들었다. 투자계의 대선배인 에비스 할아버지에게 물어보기로 했다.

"할아버지는 원래부터 숫자와 친하셨어요?"

"글쎄, 딱히 의식해본 적은 없지만 아무래도 집안에서 사업을 하기도 해서 어릴 때부터 숫자랑 친했던 것 같긴 하구나. 왜 그러니?"

"그렇군요. 투자를 시작하려는데 어쩌면 저랑 맞지 않을 수도 있겠단 생각이 들었어요. 숫자를 싫어하기도 하고 계산도 잘 못하고요. 이런 제가 투자를 할 수 있을까요?"

"당연히 할 수 있지. 마음만 먹는다면."

에비스 할아버지는 언제나처럼 얼굴 한가득 미소를 띠며 자상하게 응원해주었다.

"무슨 투자를 하려고 하니?"

"그걸 상담하고 싶은데요. 사실 잘 모르겠어요. 투자란 걸 전 그냥 한 덩

어리로 생각했는데 조금 찾아보니까 종류가 엄청 많더라고요. 그것만으로도 이미 두 손 두 발 다 든 기분이에요. 에비스 할아버지가 봤을 때 저에게 맞는 투자에는 뭐가 있을 것 같아요?"

"어디를 목표로 하는가에 따라 다르겠지. 하지만 아스카는 금방 질리는 편이니까 결과가 나올 때까지 시간이 걸리는 건 맞지 않을 거다. 지금부터 시작하면 아스카랑 맞지 않아도 금방 바꿀 수도 있고, 무엇보다 시간을 내 편으로 만들 수 있으니까 뭘 해도 상관은 없어. 지금 당장 시작할 수 있고 결과도 금방 알 수 있는 거라고 하면 주식이나 FX마진 거래 같은 건 어떠니? 부동산도 차분히 키워나갈 선택지로 그렇게 나쁘지는 않아. 하지만 많이 힘들 거야. 처음부터 그렇게 크게 승부를 걸 필요는 없어. 대학생도 할 수 있으면서 결과도 금방 알 수 있는 것, 소액이라도 상관없고 돈을 벌 가능성을 직접 느낄 수 있는 거라면, 주식이나 FX 같은 게 적당할 것 같구나."

주식이니 FX니, 둘 다 들어본 적은 있는 단어였다. 하지만 고등학교 졸업 후 경제나 수학과는 담을 쌓은 내가 그렇게 어려운 분야에서 성공할 수 있을까. 적어도 경영이나 경제를 전공했다면 좋으련만. 대입을 준비하던 시절의 나를 잠시 원망해 보았다.

하지만 어차피 지나간 일은 어쩔 수 없었다. 일단 투자를 해보겠다고 결심한 이상 시작해봐야겠다는 생각이 들었다. 나는 지금 내가 가지고 있는 걱정거리를 에비스 할아버지에게 그대로 이야기했다.

전문용어가 많이 나올 것 같다.

숫자에 능하지 않으면 못 할 것 같다.

계산이 서툴러도 괜찮을까.

투자는 아저씨나 할아버지가 하는 분야 같다.

아무것도 모르면서 주제 넘는다고 놀림 받을 것 같아 조금 무섭다.

에비스 할아버지는 "보통 그렇게들 말하지"라고 대답이라도 하는 듯 웃었다.

"그건 선입견 아니겠니? 어떠냐, 오늘 시간도 있겠다, 견학이라도 한 번 가볼까?

"견학이요?"

"그래, 아스카가 말한 그 이미지는 투자를 모르는 사람들이 흔히 갖고 있는 잘못된 생각이지. 영화나 드라마의 영향 때문이라고 할까. 막연하게 기계 속 가상의 세계를 상상하는 거야. 하지만 실제로 주식 시세를 움직이고 있는 건 사람들이야. 아무리 컴퓨터가 우수하다고 해도 그 시스템을 직접 만들고 움직이는 건 바로 사람이지. 현장에 가보면 아스카도 이해할 수 있지 않을까 싶구나."

그렇게 말하며 에비스 할아버지는 어디론가 전화를 걸었다.

"어디 가시려는 거예요?"

"마침 적당한 투자회사가 있는데 그곳에 가볼까 해."

에비스 할아버지의 차로 도착한 곳은 도쿄 시내 노른자 땅에 우뚝 솟은 고층 빌딩이었다. 익숙한 듯 건물 현관에서 사무실로 향해 들어가는 에비스 할아버지. 나는 당황하며 그 뒤를 쫓아갔다. 한 사람 한 사람 제각각 널찍한 책상을 차지하고 있고, 카페처럼 꾸며 놓은 휴게실에 음료나 과자가 다양하게 준비되어 있었다. 푹신하고 멋진 소파에 최신 컴퓨터까지. 새삼 돈이 있다는 건 정말 대단한 것이란 생각이 들었다.

시계가 3시를 가리킬 무렵이었다. 이쪽저쪽에서 한가롭게 담소를 나누는 소리가 들려왔다.

"아, 타이밍이 딱 맞았네."

"타이밍이요?"

"그래. 이 사무실에서는 대부분 주식 거래를 해서 보통 오후 3시 전에는 이런 화기애애한 모습을 볼 수 없거든."

"3시 전에는 다들 날카로워진다는 말인가요?"

"뭐, 쉽게 말하면 그런 뜻이지."

에비스 할아버지는 문득 이런저런 생각을 하다 갑자기 나를 돌아보며 이렇게 말했다.

"어떠냐, 아스카. 여기서 잠시 일해보지 않으련?"

갑작스러운 제안에 놀라 나도 모르게 숨이 턱 막혔다.

"네? 제가요?"

"그래, 이 할아버지는 말이다. 너무 오랫동안 이런 금융 분야에 있다 보니 새로운 투자 감각이 사라져버렸어. 무슨 일이 생기든 어떤 상황을 보든 웬만해서는 당연하게 보이지. 하지만 아스카는 그렇지 않겠지? 지금도 아마 처음 보는 것들이나 모르는 게 많을 거야. 차라리 직접 일해 보는 게 이 세계에 빨리 적응할 수 있는 방법이 아닐까 싶은데? 우선은 일주일에 하루씩, 근무 시간은 8시 반부터 오후 6시 반, 시급은 천5백 엔. 학생 아르바이트치고 시급은 꽤 높은 편일 걸? 투자를 가까이서 볼 수 있는 기회도 되니 나쁘지 않을 거 같은데, 어떠니?"

"물론이죠, 해볼게요."

에비스 할아버지의 소개로 형식적인 면접도 보지 않고 나는 다음 주부터 그 투자회사에서 일하게 되었다. 하루하루가 순식간에 지나갔다.

사무실에 있는 열 명 남짓한 트레이더들은 모두 1억 엔이 넘는 돈을 다뤘다. 모두 이름 있는 해외 증권 거래를 담당하던 엘리트 중의 엘리트들이었다. 아르바이트를 통해 그들에 대해 알게 된 것들이 많았다.

일찍 출근한다(아침 7시 전에 모두 자리에 앉아 있다).

15시까지는 가능한 한 말을 걸지 않는 게 좋다(살기가 장난 아니다).

17시 정시 퇴근은 당연한 것이다.

야근하는 사람은 거의 없다.

모니터는 한 명당 평균 4개(영화 속 세계 같다!).

개인투자가가 접근할 수 없는 정보들도 많이 모인다.

사장이나 임원이 직접 펀드나 투자를 부탁하러 온다.

성과가 높아진다면 그 외의 일들은 허용된다.

한눈에 부자 같아 보이는 사람은 그렇게 많지 않다.

1억 엔 넘게 버는 사람이 세상에 정말 많다.

부자들은 친절하다.

돈의 여유가 있으면 마음에도 여유가 생긴다.

증권 트레이더라고 하면 영화나 드라마 속에서밖에 본 적 없었기 때문에 모두 무서운 사람들일 거라 생각했다. 실제로 만나면서 그들을 겪어보니 대부분 자상하고 가족을 소중히 여기는 사람들이었다. 그런 점은 좋은 의미에서 내 상상 속 이미지와 달랐다. 그들도 나와 같은 사람이구나 싶었다.

내가 앞으로 승부를 펼쳐야 하는 이 세상, 화면 너머에 있는 건 사람이었다. 결코 숫자나 기계와 싸우는 것이 아니었다. 아르바이트를 할수록 이 사실을 점점 깨달았다. 내가 상대해야 할 이 사람들은, 경제신문을 구석구석까지 훑어보고 주식 관련 간행물도 빠짐없이 읽으며 모니터와 하루 종일 눈싸움을 하다가 짬짬이 회의를 반복했다. 개인투자자는 접근할 수 없는 특별한 사이트에서 매일 정보를 수집했다. 이런 그들의 모습을 보며 나는 도저히 그들을 이길 수 없겠다는 생각을 하기도 했다.

"두뇌도 그렇고 경력도 그렇고 정보, 자금까지 모든 게 너무 달라요. 저는 이 사람들을 이길 수 없겠어요."

내가 투덜대자 에비스 할아버지는 바로 내 말을 정정했다.

"아스카, 애당초 그들을 이길 필요는 없어. 프로를 이기려고 해서는 안 되지. 승부가 아니라 공존해야 하는 거야. 즉 잘 활용하라는 뜻이지. 투자로 자산을 늘리고 싶다면 압도적인 지식과 정보, 자금을 갖추고 있는 그들 위에 올라타기만 하면 돼. 그렇게 타협점을 찾아가는 것이 돈을 현명하게 늘려가는 비결이란다."

오늘의 배움

• 투자를 시작하기가 어렵더라도 일단 도전하라.

• 프로와 개인투자가는 지식이나 정보, 운용하는 자금이 다르다.

• 프로를 이기려고 하지 말고 그들을 잘 활용하라.

임신 · 출산 · 육아 중에도
계속 돈을 벌고 싶다면?

"취업 준비를 해야 할까요?"

어느덧 겨울이 되고 주위 친구들은 본격적으로 취직 준비를 하기 시작했다. 투자에 매료되어 취업에 흥미를 잃어버린 나는 할아버지와 상담해보기로 했다. 자산가와 나눌 이야기가 아니라는 것은 알았다. 하지만 취업 준비에 목숨을 건 듯한 주변 사람들 앞에서 취업은 내키지 않는다는 말을 어떻게 할 수 있겠는가. 할아버지 말고는 딱히 이야기를 나눌 사람이 없었다.

"안 하는 것보다야 한번 경험해보는 게 좋지 않을까? 아직 전업 투자가가 되겠다고 결정한 것도 아니잖니? 선택지는 많을수록 좋기도 하고. 무엇보다 이렇게까지 많은 기업들을 찾아가볼 기회는 지금밖에 없을 거야. 사장이나 임원들도 직접 만날 수 있고, 그런 과정을 통해 배울 수 있는 게 많을 거다. 다양한 가치관을 접하면 나 자신을 객관적으로 볼 수도 있어서 적성에 맞는지 아닌지 금세 알 수 있을 거야. 무엇보다 어쩌면 의외로 자신에게 맞는 돈 버는 방법을 찾을 수 있을지도 모르잖니?"

에비스 할아버지의 이야기가 옳았다. 졸업예정자라는 타이틀은 평생에 딱 한 번, 지금뿐이었다. 투자 말고 나에게 맞는 돈 버는 방법을 찾을 수 있다면 그건 그 나름대로 좋은 일일 것이다. 도전하지 않는 게 오히려 이상해 보였다. 남들 다 한다면 나도 한번 해보자는 가벼운 마음으로 취업 시장에 뛰어들기로 했다.

매일같이 선배들이 학교를 찾아왔다. 아무리 많은 기업 소개를 들어봤자 어차피 다 외우지도 못할 거고 기업 입장에서 학교를 방문한 선배들이 호락호락 진심을 말해줄 리도 없었다. 나는 내가 신경 쓰이는 부분에 초점을 맞추어 질문을 요약하기로 했다.

"선배님들은 결혼을 하거나 아이를 낳은 후에도 계속 일하고 싶다는 생각을 하시나요?"

대답은 뜻밖에 80%가 '그렇다'였다. 하지만 구체적으로 질문해보니 긍정적인 의미에서의 '그렇다'가 아니라는 사실을 알게 되었다.

"결혼한다고 퇴직한다니 말도 안 돼요. 남편 수입만 믿고 있다가 권고사직이라도 당하거나 갑자기 일을 못하게 되면 어떡해요."

"집에 있어봤자 어차피 할 일도 없고, 맞벌이를 해야 집안일 때문에 싸우지도 않을 것 같아서요."

"유치원 비용도 만만치 않다던데, 남편 수입만으로는 어려울 것 같은 생각이 들어서요."

"아이들을 맡기고 나갈 수 없다니, 숨 막힐 것 같아요."

"지금이 아니라면 절대로 받을 수 없는 대우라서요. 나중에 다른 곳에 취직해도 지금보다 더 좋은 복지 조건은 없을 것 같아요."

"일을 그만두면 거의 2억 엔가량 손해 보는 거 아닌가요? 그런 거라면 지금 당장은 좀 힘들어도 몇 년만 참으면 되는 거니까, 아니 그냥 버틸 수밖에 없지 않나 싶어요."

결국 거의 모든 고민의 원인은 돈이었다. 돈이 있다면 권고사직 같은 건 걱정하지 않아도 되고 집안일도 대행업체에 맡기면 된다. 육아비용도 신경 쓰지 않아도 된다. 재취업도 고려할 필요가 없다. 평생 먹고살 만큼의 돈을 버는 방법이 있다면 그만둘지 말지는 문제가 되지 않을 거였다. 생기 넘치는 모습으로 현재의 일에 보람을 느끼고 있으며 내 평생 직업이라고 생각한다, 평생 일하고 싶다고 대답한 여성은 겨우 한 명뿐이었다. 이런 현실이 슬퍼져서 선배들과의 시간을 마치고 돌아가는 길에 에비스 할아버지를 찾아갔다.

"마음이 점점 황폐해지는 것 같아요. 하나도 즐겁지 않아요."

"무슨 일이냐?"

할아버지가 이렇게 말하며 차를 건넸다. 나는 지난 일주일 동안 선배들과 나눈 이야기를 쏟아냈다. 일에서 보람을 느낀다고 대답한 사람이 거의 없었다는 점, 모두 내심 불안과 불만을 품고 있었다는 점, 그리고 거의 모든 사람들이 걸림돌로 여기고 있는 것이 바로 돈이었다는 점.

"아스카는 결혼하고 아이를 낳은 후에도 계속 일하고 싶니?"

"그건 그때 가봐야 알 수 있겠죠? 계속 일하고 싶을 수도 있고 그만두고 싶을 수도 있고요. 그걸 꼭 지금 정해야 하나요?"

"면접에서 그런 질문을 받을 수도 있겠지. 아스카는 그럴 때 어떻게 대답할래?"

한동안 머릿속으로 상상을 하며 이런저런 생각을 해보긴 했지만 대답은 나오지 않았다. 만약 그런 상황이 나에게 닥친다면, "네, 아이가 태어나도 가능한 한 귀사를 위해 온 힘을 다하고 싶습니다"라고 마음에도 없는 소리를 해야 하는 걸까.

"아이가 태어나봐야 알 수 있을 것 같습니다."

"하지만 솔직히 그만두고 싶어질지도 모릅니다."

"출산휴가에 들어가거나 육아휴직을 해야 한다면, 사용 가능한 기간은 전부 쉬고 싶습니다."

"계속 일한다고 해도 잔업은 안 하고 단시간 근무로 주 3, 4일 정도가 좋다고 생각합니다."

이런 속마음을 그대로 말해버린다면 아무리 좋은 회사라고 해도 합격시켜

줄 리가 없을 것이다. 알고는 있다. 그것이 사회라는 것 정도는.

"당분간 결혼할 계획은 없습니다."
"우선은 회사에 공헌하고 싶습니다."
"평생 이곳에 뼈를 묻을 생각입니다."

아무리 이런 말을 해봤자 실제로 닥쳐보지 않으면 알 수 없다. 여성은 인생의 단계에 따라 일하는 방식이 크게 변한다. 이 사실은 면접관보다 여자인 내가 훨씬 더 잘 알고 있다. 적성이 맞는 사람이라면 당연히 계속 일하면 된다. 하지만 그 일이 사적 생활에 부담을 줄 정도라면 차라리 그만두는 편이 육체적으로나 정신적으로 건강하다. 자신의 의사로 어느 쪽이든 선택할 수 있는 삶을 살기 위해서는 다가올 사태에 대비하여 사전에 회사 이외의 수입원을 확보해 둘 필요가 있을 것이다.

"여자들은 참 힘들어."
얼마 전 여름방학 때 이모한테서 들었던 말이 떠올랐다. 현명하고 밝은 성격에 일도, 가사도, 육아도 척척 해내는 사람이었다.
"도대체 언제부터 이렇게 여자들더러 밖에 나가 일하라고 강요하게 된 걸까? 나야 내가 일하고 싶어서 하는 거니까 상관없지만 강요받아서 하는 건 아무런 의미가 없잖아. 남녀평등이 어쩌니 여자도 사회 모든 분야에서 일해야 한다느니 말은 그럴싸하지. 일하는 여성이 아름답다는 둥 말이야. 하지만 정작 사회는 어때? 아직 받아들일 준비가 안 됐잖아. 그렇게 어설픈 상태에서 당연하단 듯이 다 나가서 일하라고만 하는데, 준비가 덜 된 그 구멍들은 결국 여자들이 다 짊어져야 하는 거라고."

그날따라 유난히 피곤했을지도 모른다. 언제나 해처럼 밝게 빛났는데, 슬픔과도 같은 분노가 느껴지는 이모의 표정을 본 건 그날이 처음이었다.

"이모, 금전적인 면에서 어려움도 없고 일도 더 이상 안 해도 된다면 이모는 어떻게 할 거야?"

"일을 그만둘지도 모르지. 애들이랑 더 많은 시간을 함께 보내고 싶거든. 엄마가 전업주부였기 때문에 아직도 내가 그런 걸 동경하는 걸 수도 있어. 근데 아이들과 떨어져 지내는 동안에 애들이 훌쩍 자란 것처럼 혼자 할 수 있는 게 하나둘씩 늘어나 있으면 왠지 마음이 아프더라구."

이모는 조금 외로운 듯 미소 지었다.

"이모, 이모는 일이 좋아?"

"응, 좋아. 그래서 당장이라도 그만두고 싶고 그런 건 아니야. 요즘 같은 세상에 일이 있다는 것 자체가 감사한 일이기도 하고. 다만 일을 그만둘지 복귀할지를 개인의 의사로 결정할 수 있는 사회 구조였으면 더 좋겠단 생각은 들어. 난 이제 선택지가 거의 없어져버렸지만 아스카에겐 미래가 있어. 어떤 식으로 살아가고 어떤 식으로 일하면 좋을지를 진지하게 생각해봤으면 좋겠어."

지금 생각해보면 부모님 이외에 일하는 방식에 대해 이렇게 진지하게 말해준 건 이모가 처음이었던 것 같다.

난 에비스 할아버지에게 내 생각을 소리 내어 말해보았다.

"어디까지나 추측이지만, 아마 집안일하고 육아를 하면서 무리해서 일까지 하고 싶지는 않을 것 같아요."

"어째서 그렇게 생각하니?"

"일을 그렇게 좋아할 것 같진 않아요. 아무리 상상을 해봐도 신나게 일하는 모습이 전혀 그려지지 않아요. 애당초 전 일하고 싶단 생각을 해본 적도 없는 거 같고요. 어쩌면 전 여자는 결혼하면 일하지 않아도 된다는 생각이 있었던 것 같아요."

이건 선배들을 통해 새롭게 깨달은 내 생각이었다. 전업주부가 꿈이라기보다는 결혼하면 곧 전업주부가 된다는 편견이 있었다. 부모님만 봐도 그렇고, 그런 모습밖에 본 적이 없어서 그런 건지 내가 보지 못한 다른 방식의 삶에 대해서는 남들 이상으로 위화감을 크게 느꼈다.

"하지만 이건 모순되는 말이긴 한데, 남편이 없으면 살아갈 수 없다는 건 너무 싫어요. 남편에게 의지해야만 하는 상황은 선배들도 말한 것처럼 너무 리스크가 크기도 하고요, 어지간한 부자랑 결혼하지 않는 한 영원히 안심할 수 있는 미래라는 건 사실상 불가능하잖아요. 그게 아니더라도 이혼이라는 특수 상황도 있을 수 있고 죽을지도 모른다는 경우의 수도 있고요. 제가 어릴 때부터 생각이 좀 많거든요. 그래서 그런 건지 자꾸 생각이 꼬리에 꼬리를 물어요."

할아버지는 즐거운 듯 "한 단계 또 성장한 것 같구나" 하며 웃었다.

"시뮬레이션은 가능한 한 다양한 종류의 다양한 패턴으로 한다는 게 위험관리(risk hedge)의 대원칙이지. 아무리 돈을 잘 버는 직업일지라도 수입에만 만족하면 나중에는 위험할 수 있어. 일하지 않고도 원하는 만큼의 불로소득을 얻을 수 있도록 자금을 운용하는 건 결혼을 하든 말든, 일을 하든 말든 상관없이 필수적이지. 자, 그럼 아스카의 희망사항을 한번 정리해볼까?

무리하면서까지 일하고 싶지는 않다.

일을 하고 안 하고와 상관없이 다른 수입원이 있으면 좋겠고 필요하기도 하다.

그렇다면 일할지 말지와 상관없이 계속 회사에 다니는 건 이미 아스카의 선택지에는 없는 거구나. 앞으로는 회사에 의존하지 않고 돈 벌 수 있는 방법에 뭐가 있는지 찾아보는 것도 좋지 않을까?"

이번 취업 준비를 계기로 돈을 벌 때나 일을 할 때 어떤 자세를 취하면 좋을지를 신중하게 재검토할 수 있었다. 면접의 핵심이라고도 할 수 있는 자신을 객관적으로 바라보는 연습은 어렵지 않았다. 평소 돈에 대해 많은 고민을 하며 훈련을 해왔던 터라 이력서를 작성할 때나 면접을 볼 때 딱히 힘들지 않았다. 회사에 의존하지 않고 돈 벌 수 있는 방법을 찾아내겠다는 생각을 항상 가슴에 품고 있었던 점이 오히려 면접관 눈에는 좋게 보였던 모양이었다. 이런 노력들 덕분에 면접을 본 회사에 전부 합격했다.

합격 소식이 연달아 오던 무렵, 나는 할아버지에게 소식을 알릴 겸 감사의 인사를 전하러 갔다.

"아스카, 축하한다. 고생 많았구나."

할아버지는 첫마디부터 축하의 말을 건넸다. 언제나 뭐든 다 알고 나를 깜짝 놀라게 한다.

"우와, 어떻게 아셨어요? 아직 아무 말도 안 했는데?"

"그건 표정 보면 바로 알 수 있지."

"이 할아버지를 누구라고 생각하는 거냐"라고 말하고 싶은 듯 할아버지는 의기양양한 얼굴로 말을 이었다.

"게다가 이 할아버지랑 함께 얘기하는 동안 얼마나 열심히 생각을 가다듬었는데, 이미 출발선부터가 다른 학생들하고는 분명하게 다를 수밖에 없지. 아스카가 잘 안 되는 게 더 이상한 일이지 않을까?"

역시 할아버지는 도저히 이길 수 없겠다는 생각에 나도 모르게 쓴웃음을 지었다. 또 처음부터 전부 알고 계셨던 거구나. 우리가 알고 지낸 기간은 고작 1년에 불과했다. 그러나 나는 할아버지를 통해 큰 영향과 자극을 받고 있다. 돈, 그리고 나 자신과 진지하게 마주한다는 것은 내가 생각한 것 이상으로 훨씬 더 여러 측면에서 도움이 되는 것 같았다. 앞으로도 계속 자기 자신과 마주해 가다보면 깨달음을 얻을 수 있을 것 같았다. 앞으로의 내 삶이 어떻게 전개될지 즐거운 기대감에 심장이 고동쳤다.

"어떠냐, 취업 준비하길 잘했단 생각이 들지 않니?"라고 말하며 할아버지는 미소 지었다. 나는 큰 목소리로 "네!"라며 끄덕였다. 내 삶이 어디로 향해야 할지 훨씬 더 선명해진 것 같아 마음이 후련하고 기분이 좋아졌다.

오늘의 배움 ———

- 결혼을 하고 아이를 낳아도 계속 일하고 싶은지는 사람마다 다르다.
- 많은 사람들이 돈 때문에 '계속 일한다'는 선택을 한다.
- 결혼, 출산으로 일을 쉬더라도 계속해서 수입이 들어오는 구조를 만들 필요가 있다.

수입원이 하나뿐인데도 불안하지 않다면 당신은 무감각한 것이다

내 삶을 회사에 기대는 방식으로는 살아가지 않겠다. 월급에 의존하지 않고 돈을 벌 수 있는 방법을 끝까지 찾아보자. 취업 준비를 하며 나는 결심했다.

"경기가 안 좋으니까 좋은 회사에 들어가야겠어."

이렇게 말하는 친구들은 왠지 위험해 보였다. 아마 이것이 우리 세대의 일반적인 사고방식일 것이다. 좋은 회사, 망하지 않을 것 같은 회사, 누구나 들으면 다 아는 유명한 기업. 그곳에 내 삶을 맡기는 것만이 정답이다. 하나같이 그런 곳에 들어가기 위해 목숨 걸고 매달리면서 취업 시장은 점점 가열되어간다. 그리고 그들이 그렇게 원하는 대형 은행이나 대기업에 입사가 결정되면 앞으로 꽃길만 걸을 거라는 생각에 잠겨 행복에 가득 찬 표정을 짓는다. 취직이 결정된 친구들끼리 연일 축하 파티를 벌인다.

마치 인생의 마지막 청춘이라도 보내는 것처럼 즐기는 모습이 행복해 보이기도 했지만, 그건 찰나에 불과하다는 생각을 지울 수 없었다. 언젠가 구멍가게 할머니가 얘기한, 시간과 돈을 함부로 낭비한다는 게 바로 이런 것일까. 생명보다 소중한 시간을 이렇게 낭비하는 건 정말로 아깝다는 생각이 들었다.

"다들 불안하지 않을까요?"

"아스카는 어째서 그렇게 위기감을 느끼는 거니?"

"저희 세대는 태어난 이후 단 한 번도 호황이었던 적이 없거든요. 리먼 브라더스 사태의 상처가 간신히 아물고 있기는 하지만 아직도 세상은 여전히 너무 불안정해요. 지금 여기서 만족하는 회사에 들어갔다고 해봤자 그 회사에 언제까지 다닐 수 있을지도 알 수 없고, 어쩌면 회사 자체가 망할 수도 있잖아요. 그런 상황에서 회사에 자신의 미래를 맡길 만큼 전 그렇게 낙관적이진 못해서요."

"그렇지, 그게 맞는 생각이지."

"다들 대단한 것 같아요. 어떻게 그렇게 겁이 없는 걸까요? 불안하지 않을까요? 순수하게 기뻐하기만 하는 걸 보면 혹시 저만 모르는 뭔가 있는 것 같아요. 다들 남 모르게 불로소득이라도 있는지. 아직 누구한테도 물어본 적은 없어요."

에비스 할아버지는 웬일로 말을 하려다 생각에 잠기더니 한마디 했다.

"그건 말이다, 단순히 아무 생각도 하지 않는 것뿐이란다."

"네? 어떻게 아무 생각을 안 할 수가 있어요? 아니, 잠깐만 생각해봐도 누구든지 알 수 있는 거잖아요?"

"아니란다, 아스카. 그렇지 않아. 네 친구들 대부분은 생각하는 것 자체를 잃어버린 상태에서 사는 거야."

"어떤 의미인가요?"

"그들이 생각 자체를 하지 못하게 만든 건 다 그 윗세대, 그러니까 우리 세대들이 한 나쁜 말들 때문이야. 이건 참 미안한 일이구나. '좋은 대학에 들어가서 좋은 회사에 들어가면 평생 걱정 없다' 같은 말은 오늘날에는 전혀 통하지 않지. 그런데도 아무 생각 없이 이 말들을 맹목적으로 믿고 있어. 그래서 불안정한 사회 속에서 싸울 무기 하나 없이 맨몸으로 이 위험한 상황에 처한 거야."

잃어버린 20년. 유감스럽지만 나는 호황을 누리던 시절을 알지 못했다. 태어날 때부터 불황이었던 세대였다. 불황에 익숙해졌다 해야 할지 그냥 불황이 당연한 세대라고 해야 할지. 하지만 그렇기 때문에 더더욱 위기감을 품어야 하는 게 아닐까? 우리가 윗세대와 다르다는 것 정도는 당연히 누구나 알 수 있지 않을까? 나의 이런 의문이 들린 것일까, 에비스 할아버지는 말을 계속 이어나갔다.

"사람은 참 이상하게도 큰 변화에 직면하지 않으면 위기감을 느끼지 못하는 것 같아. 두 발을 딛고 서 있는 그 땅이 흔들리는데도 모르고, 어떤 대책을 세우려는 의욕조차 생기지 않는 것 같을 때도 있어. 아마 지금 그 사람들에게 아스카의 목소리가 들리지는 않을 거야. 그러다 언젠가 깨닫게 되겠지. 자신의 선택지가 노동 외에 없다는 사실을. 그런 후에야 후회하게 될 거야. 미리미리 미래를 대비해 준비 좀 해둘 걸 하면서."

"그럼 앞으로도 아무 말 하지 말고 그냥 지켜보기만 해야 하나요?"

"조금이라도 더 빨리 눈치 채도록 도와줄 수는 있지 않을까? 예를 들어 아스카가 그들이 애쓰는 동안에 투자로 가뿐히 돈 버는 모습을 보여준다든가 해서 말이야. 같은 출발선에 서 있던 네가 부자가 되어가는 모습을 보여준다면 그거야말로 가장 설득력이 있지 않을까? 눈치 빠른 사람이라면 아마 회사에 한 1년 정도만 다녀도 알아차리겠지. 좋은 대학에 들어가고 좋은 회사 들어가면 평생 걱정 없다는 말, 윗세대는 정말로 그랬을지 몰라도 너희 세대에서는 헛된 생각일 뿐이지. 경기가 좋을 때는 뭘 해도 일이 술술 풀렸지만 지금은 그런 혜택 같은 건 전혀 없는 시대니까. 그걸 깨닫기만 해도 충분히 늦지 않아. 이 사실을 깨달은 그 순간부터 행동한다면 20대가 끝나기 전에는 완전히 다른 세상에 있을 수 있을 거야."

논리보다는 증거. 백문이 불여일견이다. 내가 말로 아무리 친구들을 설득해봤자 의미가 없었다. 내 말에 진심으로 귀를 기울여주길 원한다면 우선은 내가 투자를 통해 결과는 보여주는 것, 그것뿐이었다.

"수입원이 하나밖에 없다는 건 참으로 위험한 상황이야. 만약 그 단 하나가 멈춰버린다면 생활을 꾸려나갈 수 없고 최악의 경우 죽음까지도 생각하게 되니까. 아스카, 혹시 이런 말 들어봤니? 수입원은 일곱 개를 만들어야 한다는 말?"

처음 듣는 말이었다. 나는 고개를 가로저었다.

"그다지 익숙하지는 않겠구나. 안심하고 살아가기 위해서는 일곱 가지 수입원을 가져야 해. 수입원이 일곱 개 있다면 설령 그중 하나가 잘못되어도 당황하지 않고 대응할 수 있지 않겠니? 한 군데에서 매달 30만 엔을 버는 것보다는 여러 군데에서 5, 6만 엔씩 받는 게 훨씬 더 위험을 분산할 수 있다는 거야. 진짜 필요한지조차 의심스러운 고액의 보험료를 계속 내기보다는 차라리 자기가 수입원을 늘려서 만일의 경우를 대비하는 거지. 그것이야말로 진짜 무슨 일이 생겼을 때 직접적인 힘이 되고 의지가 되겠지. 예전에 이 할아버지가 보험은 최소한으로 들어도 괜찮다고 한 말 기억나니? 그것도 다 이런 사고에 근거한 말이었어."

"그 일곱 개란 건 구체적으로 어떻게 돈을 버는지가 정해져 있는 건가요?"

"아니, 이건 말이다, '어떻게 돈을 벌까' 하고 생각하는 것부터가 시작이야. 정해진 내용은 없어. 사람마다 다르겠지? 완전히 다른 가지각색의 분야에서 각각의 수입원을 확보하려는 사람도 있을 테고, 그와 반대로 비슷한 업종이나 자신의 전문분야를 특화해 그중에서 수입원을 일곱 개 확보하는 게 편한 사람도 있을 거야. 자신이 어떤 성향인지를 아는 게 그래서 중요해. 다방면의 능력이나 지식이 뛰어난 제너럴리스트 타입인지, 아니면 반대로 한 분야에 특기를 가진 스페셜리스트 타입인지 말이야. 사람마다 타입이 다 다르니 이건 정답이 있을 수 없겠지? 회사원으로서 매달 받는 월급이 훌륭한 하나의 줄기가 되고, 직장 다니면서 투잡을 하는 것도 물론 좋지. 투자에 초점을 맞춘다면 금융 투자, 부동산 투자, 사업 투자처럼 투자만 해도 종류가 참 다양하잖아? 그리고 또 요즘은 인터넷을 기반으로 한 수익 창출도 일반 사람들에게 충분히 가능한 시대지. 인터넷 쇼핑몰이나 댓글 달기, 아니면 SNS에 광고 홍보를 달아서 수수료를 받는 방법 같은 것도 빠르고 손쉽게 돈을 벌 수 있는 하나의 선택지가 되겠구나. 만약 초기 비용을 들이고 싶지 않다면 자기가 알고 있는 걸 누군가에게 가르쳐주는 컨설팅이나 강사 같은 것도 좋을 수 있겠네. 그런 수많은 업종이나 직종 중에서 무엇을 선택할 것인가, 어떻게 하면 수익을 창출할 수 있는가, 이런 걸 찾아 실천해가는 과정 전부가 일곱 가지 수입원을 가지는 사고방식이란다."

할아버지가 예로 든 것만 해도 일곱 개가 넘었다. 내가 몰랐을 뿐 돈을 벌수 있는 방법은 정말로 무한했다. 그와 동시에 또 한 가지 깨달았다. 이 연세에 온라인 수익 창출에 대해서까지 자세히 알고 있는 걸 보면 할아버지는 분명 평상시에 돈을 벌 수 있는 다양한 방법에 대해 알아왔을 것이다. 이게 바로 할아버지가 부자일 수밖에 없는 이유 중 하나였다. 역시 이 할아버지는 격이 다르면서도 훨씬 더 진지하게 돈을 생각하고 있었다.

일곱 가지 수입원이라는 개념은 배운 적 없는 처음 들어본 사고방식이었지만 이해가 잘 됐다. 무엇보다 이치에 맞다는 생각이 들었다.

오늘날은 아무리 대기업이라 할지라도 언제 도산할지 알 수 없는 시대다. 당장 내일 명퇴 당할 수도 있다. 또는 갑작스러운 질병이나 부상, 집안 사정, 혹은 내 개인 사정으로 회사를 그만둬야 하는 날이 올 가능성도 얼마든지 있다. 그런 상황에서 회사 월급 하나에 내 인생을 전부 건다는 것, 다시 말해 선택지가 한 가지밖에 없는 삶이란 절망적이라 하지 않을 수 없다.

"사고가 정지된 채로 살아가는 건 이 시대와 전혀 맞지 않아. 불황에 두 손 두 발 다 들고 남들 걸어가는 대로 아무 생각 없이 좇는 삶에 의문을 가져야만 해. 내가 아스카에게 전하고 있는 말들을 앞으로는 아스카가 전해주고 싶은 사람에게 솔선수범해서 널리 알려주었으면 좋겠구나. 그리고 또다시 그들이 자기 주변 사람들에게 알려주고, 그렇게 서서히 많은 사람들이 깨닫는 날이 오는 게 이 할아버지의 바람이야. 아스카뿐 아니라 다른 사람들도 원래는 더 풍족하게 살 수 있는 사람들이니까."

겨울이 끝나 봄이 찾아오고 나는 취직을 했다. 하지만 그건 주변의 다른 사람들처럼 그 회사에 내 삶을 모두 걸고 있다는 의미는 아니다. 어디까지나 한 가지 수입원을 확보했다는 뜻에 지나지 않는다. 그렇게까지 머리를 쓰지 않아도 수입을 얻을 수 있는 가장 간단한 수단으로서 선택한 방법이 바로 월급이었다. 월급의 일부를 투자로 돌리면서 자산이 불어나는 데 속도가 붙었다.

직장인이라는 점을 효율적으로 활용하여 부자가 되는 것, 노동과 투자의 조합은 꽤 나쁘지 않은 전술이란 생각이 들었다. 우선은 금융자산 1억 엔을 목표로 한동안 회사에서 계속 일하기로 했다.

오늘의 배움 ───────────────────────────────────

· 앞날에 대해 낙관적이라는 것은 아무 생각도 하고 있지 않다는 것이다.

· 좋은 대학을 나와 좋은 회사에 들어가면 평생 걱정 없다는 말은 이제 통하지 않는다.

· 수입원은 7개 이상 있는 것이 좋다.

'투자'는 일하지 않고 돈 버는
최고의 수익 창출 비법이다

"에비스 할아버지, 투자란 무서운 걸까요?"

"왜 그러냐, 갑자기?"

"점심시간에 우연히 동기들이랑 얘기를 했거든요. 대화하다가 투자란 단어를 살짝 꺼낸 것뿐인데도 다들 엄청 과잉반응이라고 할까요. "위험한 것 같은데", "그거 사기 아니야?" 이런 말을 하면서요. 제가 그 친구들한테 권유한 것도 아닌데 말이에요. 투자에 대해서 알지도 못하고 해보지도 않았는데 어째서 그렇게 무조건 부정적으로 말하는 건지 이상했어요."

"아, 아무래도 투자에 거부감을 가진 사람들이 많으니 그럴 만도 하지. 사실 투자가 무섭다는 이미지를 가진 사람들이 많을 거야. 그런데 아이러니하게도 그런 사람들일수록 회사나 배우자한테만 의지하는 생활, 회사의 노예로 사는 자기 자신에 대해서는 걱정하지 않아. 참 신기하지 않니?"

투자 알레르기 같은 것이구나 싶었다. 투자에 거부감을 느끼는 사람들이 있구나. 좋은 건지 나쁜 건지 투자에 대해 완전히 무지한 상태로 이 세계에 뛰어든 나에게는 처음부터 그런 개념 자체가 없었다.

"에비스 할아버지한테 투자란 어떤 거예요?"

"일하지 않고도 돈을 벌 수 있는 최고의 돈 버는 방법 아닐까? 지금 이렇게 아스카랑 이야기하고 있는 동안에도 내 돈은 차곡차곡 늘어나고 있거든. 잠을 자고 있는 동안에도 그렇고 내가 놀고 있는 동안에도 그렇고, 밥을 먹고 있는 동안에도 계속 돈은 늘어나. 그걸 이루어주는 게 투자라는 거지."

다시 들으니 투자란 정말 대단하다는 생각이 들었다. 처음 방향만 잘 잡으면 그 이후에는 자기 맘대로 돈을 데리고 와주니까.

"세상의 노동자들은 시간을 낭비하고 있는 거야. 아스카 주변에도 이런 사람 있지 않니?

아침부터 밤까지 매일 녹초가 되도록 일하는 사람

쉬는 날에는 충전한다며 시체처럼 잠만 자는 사람

돈 받고 일하니까 싫은 것도 참는 게 당연하다는 사람

'아, 또 월요일이 왔구나' 하면서 괴로워하는 사람

내 인생 이렇게 될 리가 없었다고 부정하는 사람

어른이 되면 더 즐거울 줄 알았다고 말하는 사람

여기에 해당하는 사람은 매일매일 귀한 시간을 상상할 수도 없는 속도로 낭비하고 있는 거란다. 시간은 생명이야. 그런데 그 생명을 낭비하고 있다는 건 참으로 안타까운 일 아닐까?"

시간은 생명이다. 이 말은 성공한 사람들이 입을 모아 하는 말이다. 그들이 이렇게나 의식한다는 것은 그만큼 소중하다는 뜻일 것이다. 할아버지를 알게 된 뒤 내 안에서도 시간의 우선순위가 예전보다 훨씬 높아졌다.

"노동자들은 흔히 세 종류로 나누어진단다. 만날 때마다 즐거운 듯 일 얘기를 하는 사람, 특별히 목표도 없고 빈둥거리면서 일하는 사람, 그만두고 싶다는 말을 입에 달고 다니며 불평, 불만을 늘어놓는 사람. 이 중에서 일을 계속해도 되는 사람을 오직 첫 번째 사람뿐이야. 두 번째 사람은 그 일 말고 다른 수입원이 있는데 할 일이 없어서 시간을 때우는 거라면 괜찮아. 하지만 세 번째는 지금 당장이라도 다른 수입원을 찾는데 매진하고 가능한 한 빨리 일을 그만두라고 말하고 싶구나."

할아버지의 의도는 이해가 갔다. 불평, 불만을 늘어놓는 그 시간조차 너무 아깝다는 뜻일 거다.

"하지만 일을 안 하면 돈을 못 버는 사람은 어떡해요?"

에비스 할아버지는 이런 나의 질문이 어리석다고 딱 잘라 말했다.

"일을 안 하면 돈을 못 번다고? 지금이 무슨 옛날도 아니고, 요즘 같은 시대에 그런 말을 하는 사람은 어차피 살아남기 힘들 거야. 애초에 누가 억지로

시켜서 회사에 들어간 것도 아니잖니? 자기 스스로 선택한 건데도 그걸 잊고 있는 사람들이 참 많아."

누군가 머릿속에 떠오르는지 흥분을 가라앉히지 못하고 한숨을 쉬며 할아버지는 말을 이어나갔다.

"그런 사람들은 자기 자신을 엄격하게 몰아간 거야. 그래, 게임에 비유하자면 최고난이도를 자기가 직접 선택한 상태라는 거지. 딱 한 번뿐인 인생, 뭐 하려고 그렇게 일부러 가시밭길을 걸으려는 거지? 자신을 그렇게 몰아세우지 않아도, 그렇게 괴롭히지 않아도 이상적인 미래를 현실로 만들 수 있어. 방법만 깊이 고민하면 돈은 어떻게든 벌 수 있어. 하고 싶지 않은 일, 가고 싶지 않은 회식, 만나고 싶지 않은 인간관계, 그런 것들에 일일이 시간을 할애하다가는 수명이 몇 백 년이어도 부족할 거다. 자신의 작은 소원 몇 개도 제대로 이루지 못한 채 순식간에 삶이 끝나버린다면 그거야말로 딱 죽어도 눈을 감을 수 없는 상황이 아닐까?"

이렇게 말하며 한 간호사의 이야기를 들려주었다. 호스피스 간호사인 그녀에 따르면, 죽음을 앞둔 사람들이 공통으로 후회하는 다섯 가지는 다음과 같다고 한다.

첫째. 타인이 자신에게 기대한 삶이 아니라 조금 더 나답게 살았다면 좋았을 것.

둘째, 그렇게 아등바등 바쁘게 살지 않아도 됐는데.

셋째, 하고 싶은 말을 속에 꾹꾹 담아두지 말고 분명하게 말했으면 좋 았을 것을.

넷째, 친구 관계를 계속 유지하며 친구들과 더 자주 연락했으면 좋았을 것을.

다섯째, 나 자신의 행복을 조금 더 우선시했으면 좋았을 것을.

충격이었다. 나도 모르게 눈물이 날 것만 같았다. 사람이 삶의 끝자락에 서 후회하는 것이 고작 이 정도라고? 그들의 말에는 내가 예상했던 돈이나 지 위, 명예 같은 요소는 하나도 들어 있지 않았다. 다섯 가지 전부 당장이라도 실천할 수 있는 것들이었다. 그런데도 눈앞의 현실에 쫓겨서 그만 뒤로 미루 게 되었을 것이다.

"앞으로 3년밖에 살 수 없다는 말을 듣는다면 무엇을 하고 싶니? 지금 그대로도 충분히 후회 없는 인생이었다고 가슴을 펴고 자신 있게 말할 수 있을까?"

나는 솔직히 자신이 없었다. 바로 대답하지 못하고 머뭇거렸다.

"사적인 일들을 희생하면서까지 일을 우선시하고 주변 사람들의 시선을 신경 쓰다가 하고 싶은 말도, 하고 싶은 것들도 제대로 하지 못하고. 그러다 어느 날 갑자기 찾아온 죽음의 문턱에서 '아, 나에게도 꿈이 있었고 하고 싶 은 것들이 참 많았는데'라고 깨닫게 되는 삶. 그런 삶은 생각만 해도 너무 안타깝지 않을까?"

할아버지는 혼잣말처럼 중얼거렸다.

"사람은 이 세상에 놀러온 거란다. 그러니 괴로운 일, 싫은 일은 안 해도 돼. 자신의 진심과 마주했으면 좋겠어. 자기 자신의 행복을 추구하자꾸나. 하고 싶은 건 전부 다 해보고, 오늘 이 순간부터 죽는 마지막 순간까지 '아, 참 잘 살았다, 잘 놀다 간다'고 자신 있게 말할 수 있는 인생을 살았으면 좋겠어. 난 이 다섯 가지 후회를 들은 후로 계속 그렇게 살고 있어. 고상한 목표 같은 건 없어도 괜찮아. 그냥 아스카가 좋아하는 것만 하고 싶다든가 자신이나, 자신과 관련된 사람들을 행복하게 하고 싶은 것 등으로 충분해. 사리사욕 정도면 괜찮지 않을까? 부자가 되기 전부터 세계평화를 실현하겠다는 둥 그런 거창한 꿈을 내걸지 않아도 돼. 부자가 되고 싶은 이유는 뭐든 상관없어. 하고 싶지 않은 걸 하지 않고 살아가기 위해서도 돈은 필요하니까."

나는 오래전부터 일하고 싶은 마음이 전혀 없었다. 내가 아니어도 누구나 할 수 있을 일을 굳이 내 몸을 움직여서 해야 할 필요성을 느끼지 못했다. 부자가 되는 수단으로 투자가 좋겠다고 선택한 것도 나의 시간을 최대한 쓰지 않고도 돈을 벌 수 있는 유일한 방법이 투자라고 생각했기 때문이었다. 굳이 내가 일하지 않아도, 어디서 일할지만 정하고 명령하면 돈은 24시간 365일 쉬지 않고 계속 일하면서 내 자산을 점점 늘려준다. 몸이 안 좋거나 다칠 일도 없으며 불평이나 투정도 하지 않으므로 사람보다 훨씬 부리기 쉬운 일꾼이다.

그야말로 무한한 가능성이 펼쳐지는, 최고의 수익 창출 비법이라 생각했다.

"확실히 돈은 인간보다 훨씬 일을 잘하지. 다만 돈에 일을 시킬 때 한 가지 주의할 게 있어. 돈은 명령한 대로 일하는 유능한 녀석이지만 능동적으로 일하지는 못해. 어디까지나 수동적이지. 우리가 지시를 내리기 전까지는 적극적으로 움직이지도 않거니와 먼저 제안을 하는 일도 없어. 따라서 효과적으로 돈을 벌기 위해서는 돈을 부리는 사람, 다시 말해 우리가 적절하고 정확한 지시를 내려야만 해. 자기 자신이 우두머리가 되어서 똑똑한 부하를 일하게 하고 부하가 가진 능력을 최대한 발휘할 수 있게 해야 한다는 거야. 무능한 상사에게 지시받는 부하의 비참한 심정이 어떨지 아스카도 상상할 수 있지?"

할아버지의 말투는 단호했다.

"돈은 우리의 손과 발이 되어 우리가 자고 있을 때도, 놀고 있을 때도, 쉼 없이 일을 해주지. 그러니까 돈에 감사하는 마음을 절대로 잊어서는 안 돼. 그 감사하는 마음을 전하는 방법이 바로 그들에게 적절한 지시를 내리는 거야. 더 효율적으로 일할 수 있는 방법을 고민해서 환경을 정비해주고 정기적으로 재검토, 개선하는 것. 그게 투자로 돈을 늘릴 때 절대로 게으름 피우면 안 되는 중요한 일이란다."

오늘의 배움 ──────────────────────────────

- 꿈을 이루고, 하고 싶은 것만 하고 살려면 돈이 필요하다.

- 노동이 시간 낭비처럼 느껴지면 다른 일을 찾아야 한다.

- 돈을 늘리려면 돈이 굴러갈 수 있도록 적절한 지시를 내려야 한다.

한 사람이라도 성공했다면
나 또한 성공할 수 있다

"아스카, 투자로 실패하면 어쩌나 생각해본 적 있니?"

"그런 생각은 해본 적 없어요. 만약 실패해도 언젠가는 보상받을지도 모르잖아요."

"어째서 그렇게 생각하니?"

"제가 지는 걸 싫어해서요. 그런 것도 있고, 할아버지처럼 실제로 돈 번 사람들이 주변에 있는 것만 봐도 그렇지 않을까 했어요."

"그렇구나" 하며 할아버지는 중얼거렸다.

"왜요?"

"요즘 투자가 유행인 모양인지 여러 사람이 상담을 하더구나. 상담하는 것 자체는 기쁘지만 그 사람들이 하나같이 입을 모아 하는 말이 바로 불안하다는 거였어.

"투자는 어려울 것 같은데, 저 같은 사람도 할 수 있을까요?"

"전혀 모르는 분야라서 불안해요."

이런 식으로 말이야. 해보지도 않고 그렇게 경계부터 한다는 게 도저히 이해가 안 됐단다."

에비스 할아버지가 이런 표정을 짓는 건 드문 일이었다. 하지만 난 그 이유를 안다.

"그 사람들이요, 얼마 전의 저랑 비슷한 것 같아요. 저도 그랬어요. 투자의 세계를 너무 모르니 막막했어요. 투자는 특별한 거고, 나랑은 인연이 없는 거라고 생각했죠. 처음에는 할아버지도 무슨 투자의 신처럼 보였어요. 나랑은 다른 세계에 사는 존재라고 할까요? 사람이란 게 자기가 해보지 않은 걸 해내는 사람을 보면 대단하다고 감탄하잖아요."

할아버지는 미처 생각지 못했던 부분이었는지, 이해하겠다는 듯 고개를 끄덕였다.

"하지만 거기서 나와는 다르다고 선을 그어버리는 건 좀 생각해볼 문제구나. 처음 시도만 하면 누구나 할 수 있는데 말이야. 더구나 투자가 그렇게 대우받는 것도 좀 그렇고. 무슨 일이든 처음부터 백 퍼센트 잘 되는 건 없어. 새롭게 도전하는 거라면 더욱 그렇겠지. 자전거 배울 때를 생각해보렴. 처음부터 쌩쌩 달릴 수 있었을까? 처음부터 순탄하게 할 수 있는 사람이 과연 있을까? 구구단도 1부터 9단까지 전부 외우는 데는 시간이 꽤 걸렸을 거다. 그런데 어째서 투자에서는 그렇게 완벽한 결과를 빨리 얻고 싶어 하는 걸까. 투자도 크게 다르지 않아. 전부 똑같아. 계속 꾸준히 하다보면 할 수 있게 되지. 분명하게 말할 수 있는 건, 시작도 하지 않는다면 투자에서 성공하는 날은 절대로 오지 않는다는 거야."

나는 의문을 가지고 대답했다.

"그건 일이 잘 풀렸으니까 하실 수 있는 말씀이 아닐까요?"

투자로 승승장구하는 사람도 있다는 건 할아버지만 봐도 알 수 있는 사실이었다. 하지만 자전거 타기나 구구단 외우기보다는 훨씬 난이도가 높은 것 같았다. 계속하기만 하면 누구든 능숙해진다고 할 만큼 그렇게 간단한 문제가 아니지 않을까.

할아버지는 놀란 표정으로 나를 바라보더니 입을 열었다.

"누구든지 다 똑같아. 애당초 사람들 사이에 그렇게까지 차이는 없거든. 인간과 오랑우탄의 DNA가 약 99% 일치한다고 해. 바꾸어 말하면 그 차이는 남은 1%로 결정된다는 말일 거야. 사람들 중 누군가가 해냈다는 건, 나 자신도 할 수 있다는 말이 되겠지? 게다가 투자로 성공하는 데는 운동처럼 뛰어난 신체 능력 같은 게 전혀 필요없다는 점도 공략하기 쉬운 포인트 중 하나란다.

처음부터 유리한 사람은 없어. 말하자면 모두 같은 지점에서 출발하는 거지. 언어도, 학력도, 출신이나 나이, 성별도 아무 상관이 없어. 돈을 버는 건 재능이 아니라 능력이라고 했던 건 바로 이런 이유에서였어. 지금까지 무엇을 했는지가 아니라 앞으로 무엇을 해나갈 것인가가 중요해. 이렇게 공정한 게임이 투자 말고 또 있을까?"

돈을 버는 것은 재능이 아니라 능력이다. 이 말은 예전부터 에비스 할아버지가 나에게 반복해서 한 말이었다. 그리고 이러한 논리로 생각하면 변명하고 있는 시간조차 아깝게 느껴졌다.

"새로운 길을 개척하라는 게 아니야. 투자로 돈을 버는 사람은 이 할아버지뿐만 아니라 지금도 많이 있고 옛날에도 많았어. 후발 주자들은 이미 그렇게 성공한 사람들을 그냥 따라 하면 돼. 다 갖추어진 규칙을 그대로 흉내 내기만 하면 되는 거지. 이렇게 성공할 게 확실한 데도 하지 않는 게 오히려 이해가 안 되는구나."

승리가 확실한 승부라는 힘 있는 말에 나까지 할 수 있을 것 같다는 용기가 생겼다.

"무섭다는 건 미지의 무엇, 마음대로 조절할 수 없는 어떤 것에 대해 생기는 감정이야. 그러니 몰라서 무섭다면 우선 알아가는 것부터 시작해야겠지? 정체를 알게 되면 별거 아니란 걸 금세 깨달을 수 있을 거야. 그렇게 경계할 필요도, 긴장할 필요도 없었다는 걸. 그때부터는 자연스럽게 행동할 수 있게 될 거야."

아무리 무섭더라도 큰맘 먹고 우선 한 발 딛을 수 있는가의 여부가 투자에서 성공할 수 있는가를 결정짓는 갈림길이라는 생각이 들었다.

"나도 투자를 계속해오면서 손해 본 적도 많이 있었어. 매수한 가격보다 싸게 되팔기도 하고 사기를 당하기도 하고 말이야. 실패한 얘기만 모아도 두꺼운 책 한 권은 거뜬히 나올 걸? 정말 많은 경험을 했지. 하지만 어떤 일을 당하든 나에게는 투자를 그만둔다는 선택의 여지가 아예 없었어. 다른 누군가가 이득을 봤다면 그걸 내가 못 할 리가 없다고 믿었으니까. 이건 결코 자신이 있어서가 아니라, 내가 생각하는 투자란 누구든 성공하는 게 당연한 구조라고 보기 때문이야. 실제로 성공한 사람들이 있잖니? 그렇다면 성공하기 전까지의 실패는 전부 성공으로 이어지는 과정일 뿐인 거야. 설령 잘 안될 때가 있을지라도 포기하지 않고 꾸준히 계속하다 보면 언젠가 최고의 결과를 안겨 줄 거라 확신했던 거지."

할아버지에게 실패한 경험이 있었을 거라고는 생각하지 못했다. 직접 언급한 적도 없고 자랑한 적도 없었으니까. 하지만 이렇게나 많은 재산을 축적한 걸 보면 상상할 수 없을 만큼의 우여곡절이 있었을 것이다.

"성장곡선은 언제나 2차 함수를 그린단다. 복리와 마찬가지로 직선이 아니야. 어느 정도 높이에 이르기까지는 성적이 계속 저조하고 성과도 거의 느껴지지 않을 거야. 그러던 것이 어느 날 역치라 불리는 지점을 넘어서게 되면 눈에 보이는 성과가 숫자로 나타나고 실감할 수도 있게 돼. 처음에는 1만큼의 노력을 해도 1의 성과를 절대로 얻을 수 없어. 고작해야 그 10분의 1 정도 얻겠지. 아니, 그것도 감지덕지해야 할 판이지. 대신 역치를 돌파한 이후에는 100만큼의 노력을 하면 천이나 만의 성과가 되어 나에게 돌아온단다."

포기하지 않고 끝까지 할 수 있을까.

"방법이 올바르다면 성과가 나오고 안 나오고는 오로지 이 한 가지에 달렸단다. 이건 투자뿐 아니라 세상만사 모든 것들에도 똑같이 적용되는 말이야. 역치에 도달한 후에는 결과가 눈에 보이기 때문에 즐겁게 계속해나갈 수 있어. 문제는 그 결과가 나오기 전이지. 즉 성과가 잘 나타나지 않는 단계 말이야. 올바르게 행동했음에도 어떤 이유에서인지 생각한 대로 결과가 나오지 않는다면 재미없겠지? 그래서 대부분 이 고비를 버티지 못하고 포기해버리기 마련이야. 너무 안타까운 일이지."

할아버지가 중얼거렸다. 그리고 강한 어조로 말했다.

"투자의 세계에서 꿈이 깨진 사람 중에는 아주 조금만 더 버텼다면 꽃을 활짝 피웠을 법한 사람들도 많았을 거야. 앞으로 딱 한 발만 더 가면 좋았으련만 그 마지막 한 걸음을 더 내딛지 않고 포기해버린 거지. 그렇게 포기한다는 건 지금까지 해왔던 모든 노력이 수포로 돌아간다는 말이 된단다. 사람이 어떤 것을 습관으로 만들기까지는 약 42일이 걸린다고 해. 그래서 만약 새로운 걸 도전한다면 42일, 3개월, 1년, 3년이란 기간을 염두에 두고 계획을 짜는 게 좋아. 그러면 꿈도 훨씬 쉽게 이룰 수 있지. 성과가 보이지 않아 답답한 시간을 꾹 참고 견디며 꾸준히 노력한 사람만이 성공의 꽃을 피울 수 있단다."

오늘의 배움 ─────────────────────────────

• 투자는 자전거 타기나 구구단 외우기와 비슷하다.

• 다른 누군가가 해냈다면 나라고 못 할 리가 없다.

• 성장곡선은 직선을 그리지 않는다.

- 수익을 늘리고 싶다면 먼저 그릇을 넓혀라
- 돈은 누구의 것도 아니다
- 부자가 되고 싶다면 마음이 각박한 사람들을 멀리하라
- 비가 와도 내 책임이요, 개에게 물려도 내 책임이다
- 돈에 의존하지 마라, 돈으로 꿈꾸지도 마라

3장

부자들만 알고 있는
돈의 법칙

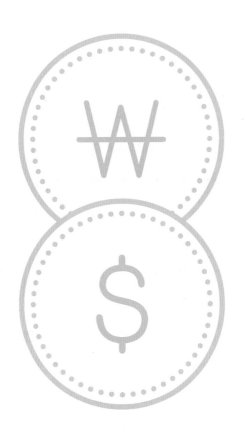

수익을 늘리고 싶다면
먼저 그릇을 넓혀라

에비스 할아버지는 억 단위도 거리낌 없이 다루었다. 나에게는 천문학적 숫자였다. 평생 걸려도, 아니 내 손자 세대가 되어도 인연이 없을 법한 세계처럼 느껴졌다.

"할아버지는 어떻게 그렇게 큰돈을 만질 수가 있으세요?"

큰 숫자가 자주 귀에 들어오던 어느 날, 궁금한 나머지 할아버지에게 물어보았다.

"그 금액이 나한테는 설레는 액수가 아니라서 그렇지."

"와, 심장이 안 떨리신다고요? 몇 억 엔이나 거래하시는데요?"

역시 나와는 딴 세상 사람이었다. 기준치부터 달랐다. 물론 알고는 있었지만 다시 한번 격의 차이를 느꼈다. 기가 죽었다. 갑자기 입을 다문 나를 보며 할아버지는 이렇게 물었다.

"아스카는 큰돈을 다루고 싶니?"

"음, 다루고 싶죠. 저도 한 번쯤은 그런 큰돈을 벌어보고 싶어요. 멋지잖아요. 그래서 동경하게 돼요. 큰돈을 움직일 수 있다면 돈이랑 더 친해질 수도 있을 거 같고요. 누구나 그런 생각, 한 번쯤은 하지 않을까요? '돈이 더 많아지면 좋겠다', '그럼 할 수 있는 것들도 늘어날 텐데' 하면서요."

"다루는 돈의 액수를 늘리는 간단한 방법 하나 알려줄까?"

"와! 그런 방법이 있어요? 알고 싶어요!"

할아버지는 거드름을 피우듯 '에헴' 하며 기침을 한 번 하고 말을 시작했다. 지금까지의 경험상 보통 이 다음에 나오는 말은 대개 핵심을 찌르는 내용이었다. 나는 자세를 가다듬고 다음 대사를 기다렸다. 잠시 간격을 둔 후, "그건 말이지"라며 말을 이어갔다.

"그 금액을 자기가 실제로 사용해보는 거란다."

"사용해본다고요?"

"그래, 어디에 쓸지는 상관없어. 딴 세상 금액이라 생각했던 그 숫자를 자신의 현실 세상에 집어넣으려면 어쨌든 자기 손으로 직접 써보는 방법밖에 없거든."

"하지만 저한테 1억 엔은 없는걸요."

"그렇게 무턱대고 돌진하면 안 돼. 처음부터 무리하는 건 좋지 않아. 지금 단계에서 1억 엔이 갑자기 들어오면 아스카는 잘못된 길로 빠질 수도 있어."

할아버지에 따르면, 사람에게는 제각기 자신만의 그릇이 있다고 했다. 그릇의 크기나 모양이 서로 다 다르고, 그에 따라 한 명 한 명 얻을 수 있는 금액도 다 다르다는 것이었다. 즉, 억 단위를 쓸 수 있는 사람은 억 단위를 사용할 만한 그릇을 가진 사람이어야 했다.

"제 그릇은 아마 엄청 작고 초라할 것 같아요."

나도 모르게 큰소리로 그렇게 말하고 어깨가 축 처졌다. 그러자 할아버지는 "괜찮아. 귀가 솔깃해질 얘기 하나 해줄까?"라며 말을 계속했다.

"그릇의 크기나 모양은 사실 나중에 얼마든지 바꿀 수 있어. 점점 넓혀 갈수도 있고. 그러기 위한 유일한 방법이 바로 자신의 한계를 계속해서 넓혀가는 거지."

"자신의 한계라뇨?"

"예를 들어, 사람들마다 자신만의 평균값, 기준이 되는 금액이란 게 있을거야. 옷이라면 이 정도, 음식이라면 이 정도, 숙박비라면 이 정도가 적당하다는 식으로 말이야. 그런 대략적인 기준을 조금씩 위로 끌어올리라는 거지. 한 번에 전부 올릴 필요는 없어. 지나치게 무리하면 너무 힘이 들어가서 오히려 그릇이 깨져버리거든. 그렇게 그릇이 부서져버리면 되돌리기 힘들어지고 쓸데없이 시간만 더 걸리니까 어디까지나 조금씩, 조금씩 그 평균값을 높여가라는 말이란다."

옷이라면 1만 엔. 음식이라면 6천 엔. 이것이 내가 정한 기준이었다. 이 정도 금액 안에서 소비할 때가 내 수준에 맞는 적당한 소비라고 생각했다. 너무 예뻐서 한눈에 반해버린 옷이 있더라도 2만 엔이 넘으면 슬그머니 그냥 내려놓았고, 식사 약속에서 1만 엔 이상 써버린 날이 있다면 그 이후에는 먹고 싶어서 그렇다며 저렴한 가게를 가거나 집에서 밥을 차려 먹었다. 그렇게 소박하게 전체적인 지출을 조정해왔다.

"한번 지금 기준의 세 배 정도 되는 금액을 사용해보려무나."

할아버지는 즐거운 듯이 말했다.

"처음으로 세 배나 되는 돈을 썼을 때 어떤 감정이었는지 자세히 기록해두는 것도 잊지 말고. 그래, 노트나 핸드폰에 적어두면 좋겠구나. 해보니까 어떤 느낌이 들었고, 어떤 생각을 했고, 어떻게 되었는지 말이야. 그런 걸 상세하게 적어두면 자신의 가능성을 엿볼 수 있거든."

나는 할아버지의 가르침이 있을 때마다 당장 실행에 옮겼다. 이것은 할아버지를 알게 된 이후 자연스럽게 세운 행동 규칙 중 하나였다. 지금도 하늘과 땅 차이인데, 이보다 차이가 더 벌어지면 나중에는 보이지도 않게 될 것만 같아서 그렇게 되지 않도록 매일매일 목숨 걸고 매달렸다. 뭘 위해서? 정말로 효과가 있긴 할까? 이런 생각을 해봤자 끝도 없고 해보지 않는 이상 알 수도 없었다. 아무리 머리를 쥐어짜봤자 어차피 대단한 답도 안 나왔다. 부자들의 사고는 부자가 제일 잘 알고 있을 것이다. 그러므로 내가 해야 할 일, 가장 쉽게 따라 할 수 있는 일이 있다면 지시대로 그저 실천에 옮기는 것이었다.

사실 너무너무 사고 싶은 원피스가 한 벌 있었다. 비싸서 포기하긴 했지만, 미련을 버리지 못한 채 일주일에 몇 번이나 그 옷가게를 가곤 했다. 맛있다고 소문이 자자한 고급 레스토랑도 있었다. 음식 맛은 물론 서비스도 일류라서 그곳에 가면 공주님이 된 듯한 기분을 느낄 수 있다고 했다. 저녁 가격은 아직 많이 부담스럽지만, 점심 정도라면 할아버지의 미션을 달성할 수 있을 것 같았다.

옷도 그렇고 고급 레스토랑에서의 식사도 그렇고, 도전해 보니 너무나 즐거운 체험이었다. 지금까지 하늘의 별이나 달처럼 나에게는 손이 닿지 않는 꿈이라고 단정 지으며 스스로 선을 긋고 멀리했던 것이 오히려 이상하게 여겨질 정도였다. 한계라고 생각했던 선을 지우고 넘어도 된다고 나에게 허락했을 때, 내 안에서의 기준이 훌쩍 높아진 느낌이 들었다. 행복했다.

"어땠니?"

이튿날, 할아버지의 질문을 받은 나는 흥분이 채 가라앉지 않아 얼마나 신선하고 행복한 체험이었는가를 손짓, 발짓을 섞어가며 상세하게 설명했다. 실제로 경험하기 전과 후에 보이는 세상은 완전히 다르다는 것까지도 말이다.

"그렇지, 그렇지."

할아버지는 만족스러운 듯이 끄덕였다.

"기준을 한 번 올렸다면 절대로 다시 내려서는 안 돼. 되돌아가지 않도록, 올린 기준대로 유지하기 위해 노력해야 하고. 그래봤자 어려울 건 없어. 그저 그 금액에 대한 감각을 항상 의식하고 있기만 하면 돼. 자기도 모르게 예전 기준에서 고르려고 한다면 '이대로 정말 괜찮은 걸까', '정말로 내가 원하는 건 어느 쪽일까' 하면서 그때마다 자신에게 질문을 던져보면 돼. 이때 초점을 맞춰야 하는 건 금액 자체가 아니야. 얼마나 기분이 좋은가, 얼마나 기쁜가 하는 감정이지. 뭐든 마음대로 고를 수 있는 자기 자신을 소중히 여기며 항상 마음의 소리에 귀를 기울이는 게 중요해. 현실이란 내가 어떤 생각을 품고 사는가에 따라 바뀌는 법이거든."

오늘의 배움 ————————————————————————————————

- 투자 금액을 늘리고 싶다면 그 돈을 실제로 사용해보라.
- 처음에는 자신이 정한 기준의 세 배 정도 되는 액수에 도전해본다.
- 기준을 한 번 올렸다면 결코 다시 내려서는 안 된다.

돈은 누구의 것도 아니다

할아버지를 따라 방문한 곳은 땅값이 비싸기로 소문난 긴자 한가운데에 위치한 명품 숍이었다. 부자들의 쇼핑은 어떤 느낌일까. 호기심에 할아버지의 쇼핑을 따라왔다.

꽤 오랫동안 알고 지낸 사이인 듯 에비스 할아버지 담당이라는 점원은 "이건 어떠세요? 저것도 잘 어울리실 것 같아요"라고 말하며 에비스 할아버지의 취향에 딱 맞는 옷과 잡화들을 보여주었다. 할아버지는 거절하지 않고 점원이 권하는 것들을 전부 받아들었다. 테이블 위는 순식간에 구입한 상품으로 한가득 찼다. 내가 하는 쇼핑과는 차원이 달랐다. 입이 다물어지지 않았다. 이 몇 시간 동안 소비한 돈만 해도 일반인 연봉의 세 배 정도는 될 것이다.

계산하기 직전 에비스 할아버지가 갑자기 나를 보더니 말했다.

"이거 어떠냐?"

할아버지가 내민 것은 아름답게 빛나는 연한 핑크빛 스카프였다.

"우와, 예뻐요!"

"한번 걸쳐보렴."

어깨에 걸치는 건 좀 어색해서 쭈뼛쭈뼛 목 언저리에 살짝 대보니 부드러운 감촉에 색깔도 딱 좋았다. 얼굴색을 생기 있고 빛나게 만드는 빛깔이었다. 갑자기 세상이 따뜻해 보였다. 몰랐다. 좋은 걸 몸에 두른다는 게 이렇게 기분 좋은 일이라는 걸.

"좋구나, 잘 어울린다."

나는 수줍어하며 "감사합니다"라고 말하고 스카프를 목에서 풀어 살그머니 내려놓으려고 했다. 이 모습을 놓치지 않고 바라본 할아버지는 손을 막으며 평소와 조금 다른 어조로 이렇게 물어보았다.

"사는 게 어떠니? 마음에 들었잖아?"

"아니에요. 이건 저한테 너무 과분해서요."

"어째서? 이렇게 잘 어울리는걸. 엄청 행복한 표정을 지었는데."

"저한테 이렇게 비싼 건 아까워요."

아깝다는 말을 하기는 싫었다. 나는 아직 그 정도의 인간이라고 스스로 인정해버리는 꼴이니까.

"얼마인 것 같니?"

"10만 엔 정도일까요?"

"아니, 25만 엔. 이 정도는 낼 수 있지 않니?"

25만 엔. 매달 받는 월급보다 훨씬 많았다. 지금까지 이렇게 비싼 물건을 사본 적도 없었다. 1천만 엔도 넘을 것 같은 물건들을 저렇게 산처럼 쌓아둔 할아버지 앞에서 이런 말을 하는 건 나도 싫었다. 그럼에도 나에게 이 스카프 는 너무 비쌌다.

"돈은 쓰면 사라진다고 생각하니?"

에비스 할아버지는 내 눈을 들여다보며 이상하다는 듯이 물었다. 내 마음 을 들킨 것만 같아 깜짝 놀랐다. 맞다, 나는 가격을 듣고 순간적으로 못 사겠 다는 생각을 했다. '만약 이걸 사면 어떻게 되지?' 하며 통장 잔액이 그 짧은 순간에 뇌리를 스쳤다. 사실 절대 살 수 없는 금액은 아니었다. 카드 한도도 아슬아슬하게 있었고 바로 옆에 현금인출기도 있었다. 그럼에도 나는 그 가 격을 지불하기가 두려웠다.

"돈은 말이다, 절대로 사라지지 않아."

에비스 할아버지는 나에게 단호하게 이렇게 말했다.

"지금 아스카는 돈이 수중에서 없어지는 걸 주저하는 거로구나. 그건 그 돈이 내 것이라고 생각하기 때문이야. 하지만 돈은 내 것이 아니야. 더 정확히 말하면 누구의 것도 아니지. 그러니 당연히 내 것도 아니고. 돈은 돈, 자연스 럽게 돌고 도는 거야. 우리 인간에게 그 순환을 멈추게 할 권리는 없어. 때마 침 내 손에 있는 그 돈을 어떻게 사용할 것인가, 그게 중요한 거지. 돈과의 우연한 만남을 소중히 여기며 그때의 자신에게 가장 좋은 방법으로 돈을 사용하는 거야. 숫자 자체만 보면 늘어나기도 하고 줄어들기도 하겠지. 그렇지만 인생의 풍요로움을 위한 투자는 절대로 널 배신하지 않을 거야.”

할아버지는 말을 이어갔다.

“혼자서 전부 독차지하려고 하면 영원히 풍족해질 수 없어. 이 돈을 지불함으로써 아스카의 세상은 눈에 띄게 크게 넓어질 거야. 괜찮아, 사라지지 않으니까. 올바르게 사용하기만 한다면 분명히 이 돈은 몇 배로 늘어나서 돌아올 테니 안심해도 돼.”

에비스 할아버지가 처음으로 돈에 대해 가르쳐준 그 날을 떠올리며 할아버지를 믿어보기로 했다. 사실은 될 대로 되라는 식에 가까운 마음일지도 모른다. 인생의 경험치는 물론이고 자산부터 너무나도 다른 부자를 납득시킬 반론을 찾지 못했기 때문이었다.

‘아, 또 한 달 힘내서 돈 벌면 되지 뭐’라고 스스로를 설득하며 계산대로 향했다. 카드 사인을 하는 손이 미세하게 떨렸고 등줄기에서는 땀이 흘렀다.

우여곡절 끝에 내 손에 들어온 스카프. 그 효과는 놀랄 만큼 바로 나타났다. 스카프를 걸칠 때는 마음가짐부터 달라졌다. 얼굴 표정도 그렇고 자세도 자연스럽게 꼿꼿해졌다. 무리해서 샀다는 자각이 있었기에 무의식중에 그 가격에 걸맞은 여성이 되고 싶다는 생각을 했던 것일지도 모른다. 남녀불문하고 칭찬해주는 사람들도 많아졌다. 에비스 할아버지를 따라간 회원제 클럽에서도 평소보다 더 자신 있게 행동할 수 있었다. 왠지 주변 사람들도 그전보다 더 정중하게 대해주는 것 같았다. 세상 그 어떤 부적보다도 효과가 뛰어난, 나만의 비밀 도구를 손에 넣은 기분이었다.

"아스카, 예전과 세상이 많이 달라진 게 느껴지지 않니?"

"제 기분 탓인 줄 알았는데, 혹시 제가 쓴 돈의 효과인 건가요?"

"그래. 평소 쓰던 돈의 세 배 정도를 사용해서 자신의 기준을 올렸던 그때와 같은 거지. 이번에는 그 25만 엔이라는 돈을 자기 자신에게 투자해서 자신감과 물질적 풍요를 손에 넣은 거고. 스카프 한 장에 25만 엔이라니, 스물두 살의 평범한 직장인으로서는 쉽게 지불하기 어려운 금액이었을 거야. 하지만 그렇기 때문에 이렇게 금방 효과가 나타난 거겠지. 표정도, 행동도 마치 딴 사람 같구나. 자기 자신을 위해 돈을 씀으로써 자신을 소중히 여긴다는 게 어떤 느낌인지 알게 되지 않았니? 그게 얼마나 중요한 것인지도 깨닫고. 자기 자신을 위해 돈을 쓰면, 잠재의식 속에서 내가 그 금액에 걸맞은 사람이라는 생각이 들어. 앞으로도 이런 식으로 돈을 쓰면 아스카는 점점 더 멋진 사람이 될 거야."

나 자신을 위해 돈을 쓴다, 하지만 그 돈 자체는 나의 것이 아니다. 이 말이 왠지 선물 같다는 생각이 들었다.

"돈을 올바르게 사용하기만 한다면 몇 배가 되어 돌아올 거라고 내가 말했었지? 그런데 돌아오는 게 반드시 돈의 형태인 것만은 아니란다. 양자역학 관점에서 보면 돈도 그렇고 모든 물질은 전부 에너지야. 그 사실에 예외는 없어.

돌아올 때는 자신에게 가장 잘 맞는 형태로 찾아와. 그러니 결코 돈에만 사로잡혀 있지 말고 어떤 식으로 돌아오는지 주의해서 주변을 잘 살펴보려무나."

오늘의 배움 ————————————————————————————

• 돈은 쓴다고 사라지는 것이 아니다.

• 돈 자체는 나의 것이 아니다.

• 돈은 올바르게 사용하면 몇 배로 돌아온다. 단, 반드시 돈으로 돌아오는 것은 아니다.

부자가 되고 싶다면
마음이 각박한 사람들을 멀리하라

부자들은 가끔 돈 날린 이야기를 한다. 너무나 아무렇지도 않게.

"얼마 전에 10억 엔짜리 계약이 물거품이 됐어."

"5억 엔을 횡령 당했지 뭐야."

시급 천5백 엔, 월급 22만 엔인 세상에 사는 나로서는 상상도 안 가는 큰 금액이었다. 처음 들었을 때는 손가락으로 자릿수를 헤아릴 정도였다. 아무리 부자라고는 해도 어떻게 그렇게 아무렇지 않게 웃으며 말할 수 있는 걸까. 도저히 이해되지 않아 솔직하게 물어보기도 했다.

"분하지 않으세요?"

"속상하지 않나요?"

"지구 끝까지라도 쫓아가서 돌려받겠다는 생각이 들지 않아요?"

그럴 때 그들은 모두 하나같이 미소 지으며 이렇게 말했다.

"그렇게 해서 얻는 게 뭐지?"

에비스 할아버지 역시 마찬가지였다. 할아버지는 조금 슬픈 듯하면서도 자상한 눈빛으로 나를 바라보며 온화하게 말했다.

"돈과 같은 무게로, 아니 그 이상으로 소중한 건 시간이야. 아스카는 아직 젊으니까 그런 생각은 아마 못하겠지. 사람은 언젠가는 죽는단다. 이건 절대적이고 보편적인 진리지. 더구나 우리들은 그날이 가까이 다가온 걸 매일매일 느끼고 있어. 젊을 때처럼 전속력으로 달릴 수도 없거니와 육체도 기억력도 점점 쇠퇴하고 있거든. 우리에게 남겨진 시간은 그렇게 길지가 않아. 그러니 그런 사람에게 우리의 소중한 시간을 허비하고 싶지는 않겠지?"

나는 아직 이해가 되지 않아 다시 물었다.

"그 사람들은 왜 그러는 걸까요? 단지 돈이 없어서 그런 짓을 하는 걸까요?"

"아, 가난한 사람? 그건 돈이 있는가 없는가와는 상관이 없단다. 아무리 돈이 많아도 가난한 사람은 가난하거든. 반대의 경우도 그렇고. 물론 돈이 풍족하지 않을 때는 아무래도 인생의 선택지가 아주 좁아지긴 하겠지만. 여기서 말하는 가난이란 마음의 가난이야. 마음이 가난한 사람한테는 절대로 가까이 가면 안 돼. 감기처럼 가난은 옳는 법이거든. 다른 사람을 속이면서까지 남의 위에 서려고 하는 건 삼류나 하는 짓이지."

할아버지는 이야기를 마저 이어갔다.

"물론 그들도 그들 나름의 핑계는 있을 거야. 너무나 이루고 싶은 뭔가가 있었겠지. 사람이라면 넘어서는 안 되는 선을 넘으면서까지 간절히 이루고 싶은 뭔가가 말이야. 내가 그걸 뭐라 할 순 없지. 그 사람은 그저 눈앞의 돈만 바라보다가 그걸 손에 넣고 싶어서 안달이 난 거고, 그 순간은 행복했을 테니."

진심으로 안타까운 듯, 할아버지는 슬픈 표정이었다.

"하지만 인생이 참 재미있게도, 자신이 한 행동이 옳든 그르든 간에 언젠가는 돌고 돌아 자기 자신한테 반드시 돌아오더구나. 그렇게 멀지 않은 날에 말이야. 나도 젊을 때는 그걸 모르고 고생 참 많이 했지. 나를 속인 건 잘못된 행동이지만 그 사람이 그 돈을 밑천으로 새로운 사람이 되고 풍요로운 인생을 살게 되면 좋겠단 생각을 해. 기부한 셈 치는 거지. 덕을 쌓는 건 좋은 일이니까. 딱히 믿는 종교는 없지만 어떤 신이라는 존재가 있고 그 신은 분명히 항상 우리를 지켜보고 있을 거라고 믿고 있거든. 그 사람도 이 사실을 빨리 깨달았으면 좋겠단 생각을 진심으로 하고 있어."

할아버지는 인자한 미소를 지으며 계속해서 말했다.

"게다가 죽을 때는 웃으면서 죽고 싶거든. 행복한 인생이었구나 하면서. 잔뜩 화난 얼굴로, 후회가 가득한 얼굴로 인생의 마지막을 맞이하고 싶진 않아. 이건 개인적인 바람이지만, 복수심에 불타서, 설령 그게 내 삶 전체로 보면 극히 일부분일지라도 내 인생을 그런 것에 소비하고 싶지 않아. 몇 년, 몇 십 년 후에 돈을 돌려받는다 해도 그렇게 낭비한 시간이 너무 허무할 것 같거든. 그럴 여유가 있다면 차라리 내 수중에서 사라진 돈 이상으로 더 많이 벌면 돼. 다행히 나한테는 돈 버는 힘이 있거든. 만약 전 재산을 다 잃어버린다고 해도 몇 번이고 밑바닥부터 다시 돈을 벌어들일 수도 있고, 그걸 크게 늘릴 수도 있어. 돈 버는 방법도 돈 불리는 방법도 살아오면서 충분히 배웠으니까. 나이 먹은 사람들을 얕보면 안 된단다. 그냥 나이 먹는 게 아니거든."

그렇게 말하며 장난스럽게 눈을 찡긋하는 할아버지는 마치 소년 같았다. 곧고 순수한 마음을 보게 된 나는 어떤 말도 할 수 없었다. 난 어쩜 이렇게 생각이 짧았을까, 어째서 난 그릇이 작았을까. 그는 내가 생각했던 것 이상으로 훨씬 더 큰 사람이었고 본질을 깊이 파악하고 있었다. 그런 당연한 사실을 어째서 나는 잊고 있었던 것일까.

어쩌면 에비스 할아버지는 처음부터 모든 걸 알고 있었는도 모른다. 알고 있으면서도 용서한다는 선택을 했던 것일지도 모른다. 나는 내 눈앞에 있는 이 부자를 눈곱만큼도 알지 못했다. 이 생각에 이르자 나는 얼굴에서 불이 난 것처럼 부끄러워졌다.

"아스카. 잘 기억해두렴. 돈은 언제든 또 벌면 되지만 시간은 결코 되돌릴 수 없어. 자신의 소중한 시간을 절대 가치 없는 것에 사용해서는 안 돼. 가난한 사람에게 휘둘러서 좋을 건 하나도 없다는 거야. 그저 수렁에 빠질 뿐이지. 그 수렁은 서로의 발목을 잡고 늘어져 서로 뺏고 뺏기는 세계란다. 풍요로움과는 거리가 먼 곳이지.

"네 자신의 가치를 스스로 떨어뜨리지 않기를 바란다. 원망하는 감정에서 긍정적인 에너지는 절대로 나오지 않거든. 풍요로운 인생을 살고 싶다면 돈에 집착하지 말 것. 이 사실을 부디 잊지 않았으면 좋겠다. 잠깐 동안 수중의 돈이 없어진 것뿐인데 그 돈에 집착해서 계속 원망하고 미워하는 감정을 품는 사람은 평생 돈을 못 벌 거야. 풍요로워질 수도 없고. 자신의 역량이 거기까지라고 스스로 공언하고 있는 거나 마찬가지니까."

에비스 할아버지가 아무렇지 않게 언급한, 잠시 손에서 없어진 것일 뿐이라는 말. 그것은 소위 보통 사람들이라면 절대로 구사할 수 없는 표현이었다. 돈은 돌고 도는 것이라는 사실을 이해하고 있기 때문에 할 수 있는 말이라고 느꼈다. 돈은 내 것이 아니다. 혼자서 독차지해서는 안 된다. 에비스 할아버지가 반복적으로 강조하신 말들을 떠올렸다. 맞다. 애당초 내 것이 아니므로 집착할 대상이 될 수 없었다.

마음이 가난한 사람과는 엮이지 않겠다. 그들이 내 세상을 휘두르지 못하게 하겠다. 시간도 돈도 나에게 가치 있는 것에만 사용하겠다. 이렇게 마음속으로 다짐했다. 에비스 할아버지 말씀대로 한정된 삶, 단 한 번뿐인 인생이니까.

오늘의 배움 —————————————————————————

· 마음이 가난한 사람과는 결코 엮여서는 안 된다.

· 마음의 가난은 쉽게 전염된다.

· 원망하는 감정에서 긍정적인 에너지가 절대로 나오지 않는다.

비가 와도 내 책임이요
개에게 물려도 내 책임이다

사기를 당했다. 그 사실을 안 순간, 현기증이 나서 쓰러질 것만 같았다. 호흡이 얕아졌다. 숨쉬기가 괴로웠다. 토할 것 같았다. 속았다는 걸 믿고 싶지 않았다. 눈앞이 깜깜해진다는 게 이런 것인가.

'왜?'

'어째서?'

'언제부터?'

자문자답해도 납득할 만한 답은 나오지 않았다. 분노, 슬픔, 이렇게나 복잡한 감정을 한 번에 품은 것은 어쩌면 처음이었을지도 모른다. 나는 새까맣게 타버린 마음을 안고 한 줄기 빛을 찾아 에비스 할아버지에게로 향했다. 할아버지는 아직 생각도 정리되지 않은 채 엉엉 울기만 하는 나를 가만히 바라보며 자상하게 위로해주었다.

"아이고, 참 힘들었겠네. 상처도 받았을 테고 분하기도 할 텐데 이렇게 버텨줘서 다행이구나."

아무한테도 말하지 못하고 점점 더 괴로워져 몸부림치고 있었는데 할아버지를 보니 입이 떨어졌다. 에비스 할아버지의 따뜻한 위로의 말에 하염없이 눈물을 흘릴 뿐이었다.

"사기를 당하면 나도 모르게 좌절하게 되지. '투자 같은 거 두 번 다시 안 하겠다', '내가 욕심 부려서 이렇게 됐나 보다', '역시 얌전하고 성실하게 일하는 게 가장 좋은 거였나'…. 이렇게 생각하는 사람들도 많을 거야. 아니면 '내가 뭘 잘못한 걸까', '내가 부자가 된다는 건 역시 불가능했나', '억만장자를 꿈꾸는 게 주제넘은 짓이었나'…. 이런 식으로 자기 자신을 비난하기도 하겠지. 하지만 그건 틀렸어. 아스카는 억만장자가 될 운명이야. 여기서 그만둔다는 건 너의 과거를, 특히 투자를 시작한 이후 노력했던 시간을 전부 부정한다는 의미가 돼. 네 인생은 너의 것이야. 아스카의 가치는 아스카 자신만이 결정할 수 있어. 어설픈 사기꾼에게 휘둘리고 있을 때가 아니야."

할아버지의 말을 듣고 있으니 조금 기운이 났다. 그러자 이번에는 슬픔이 분노로 바뀌었다. 어떻게든 쫓아가서 혼내주고 말겠어, 찾아내서 반드시 내 앞에서 무릎 꿇고 사죄하게 만들 거야…. 새까만 복수심으로 마음이 가득 찼을 때, 할아버지는 나에게 거울을 쓱 내밀었다. 거울 속 나와 눈이 마주쳤다. 거울 속의 그녀는 너무나도 추한 표정을 하고 있었다. 처음 본 내 얼굴에 나도 모르게 숨이 턱 막혔다. 이건 누구지? 난 무엇을 이루고 싶었던 거지? 앞으로

난 어떤 세상을 살아가고 싶은 거지?

분노의 화살을 사기꾼에게 향하려고 했지만 그건 시간 낭비였다. 그 사람들하고 똑같이 행동하면 행복한 부자가 되는 길에서 점점 멀어져갈 뿐이었다. 나의 눈에서 분노가 사라진 것을 확인한 에비스 할아버지는 조심스럽게 말을 걸었다.

"아스카, 사라진 돈은 되찾을 수 없어. 속았다고는 해도 그걸 믿은 건 자기 자신이지. 돈을 투자한 것도 자기 자신이고. 한번 생각해볼래? 적어도 그때는 아스카가 납득하지 않았을까? 백 퍼센트 사기꾼이 잘못했다고 비난하면 편할 거야. 당장은 속도 시원하고. 하지만 이건 단순히 스스로의 판단 착오일 뿐이야. 사기꾼을 옹호할 생각은 당연히 없어. 돈을 모두 돌려받는다면 그보다 더 좋은 건 없겠지만 집착은 그만하자꾸나. 다시 출발하기 위해 무엇보다 가장 먼저 해야 할 건 바로 자기 자신의 잘못을 인정하는 거란다. 이때 제대로 반성하고 개선해야 두 번 다시 같은 실수를 반복하지 않겠지. 낙담하고 좌절해봤자 한 푼도 돌아오지 않아. 그러니 이런 데 시간을 소비하는 어리석은 행동은 이제 그만하는 게 좋겠구나."

그렇다. 할아버지가 말한 대로다. 돈을 투자하던 당시, 나는 편하고 싶은 마음뿐이었다. 아무것도 하지 않고 기다리고 있기만 하면 돈이 알아서 들어오는 생활을 동경한 나머지 수익에만 신경 쓰고 리스크 따윈 조금도 고려하지 않았다. 세상 물정 모르는 나 같은 여자애를 속이기는 참 쉬웠을 것이다. 게다가 내가 사기당할 리 없다는 근거 없는 자신감으로 판단력도 흐려졌을 것이다.

"아무래도 자신감이 지나쳤던 것 같아요. 근거 없는 자신감에 인생을 맡기면 안 되는데 말이에요."

"자신감이라는 건 자기주도적일 때만 효력을 발휘하지. 그렇기 때문에 거기에 타인, 내가 마음대로 컨트롤할 수 없는 것을 집어넣으면 안 돼. 나에 대한 자신감이란 건 뭔가를 실행에 옮길 때는 큰 힘이 되지. 마치 언덕길을 오를 때 등을 밀어주는 것처럼. 하지만 어디까지나 사전에 최악의 사태를 예상한 후 리스크 관리가 제대로 이루어졌을 때만 긍정적인 힘을 발휘한단다. 올바르게 사용하지 않으면 파멸의 길로 치닫는 수가 있기 때문에 신중하게 다루어야 해."

나는 안일한 생각과 자기중심적인 망상에 빠져서 리스크는 전혀 신경 쓰지 않고 수익에만 집중했다. 할아버지와 대화하면서 내가 왜 속았는지 이유를 분명히 알게 되었다.

"아스카, 투자로 손해 봤을 때와 사기 당한 지금 중 어느 쪽이 더 충격이 크니?"

"지금이요. 이렇게 충격적인 건 아마 인생에서 처음인 것 같아요."

"그건 어째서지?"

"순식간에 모든 게 사라졌으니까요. 꿈도 희망도 욕망도요. 마치 크게 부풀었던 풍선이 공중에서 갑자기 펑하고 터진 것 같은 느낌이에요."

할아버지는 온화한 미소로 가만히 고개를 끄덕였다.

"같은 금액이더라도 투자에서 손해 보는 것보다 사기로 잃은 게 더 충격이 크다고 느끼는 건, 돈을 내 관리 밖에 두었기 때문이란다. 투자는 좋든 싫든 자기 책임이거든. 늘어나는 것도 줄어드는 것도 다 나 하기 나름이지. 만약 도박 같은 게 아니라 정당하게 돈을 불리고 싶다면 앞으로는 절대 타인에게 자산을 맡겨서는 안 돼. 사기를 당했더라도 그걸 반성과 개선의 기회로 삼아 극복할 수 있는 사람은 거기서부터 다시 크게 성장할 수 있을 거야. 아스카는 그게 가능한 사람이지. 앞으로는 시세를 제대로 파악하고, 수익이 아니라 리스크로 생각하는 습관을 들이면 돼. 그러면 이 모든 것들이 투자를 계속해 가는 과정에서 소중한 경험이 될 거야. 이런 사건도 아스카의 긴 투자 인생을 시작하는 데 필요한 경험이었을 거야."

"비가 와도 내 책임, 개에게 물려도 내 책임."

부자 할아버지들이 무슨 일이 생길 때마다 주문처럼 외치는 말이다. 철저하게 자기책임이라고 여기는 것이 투자를 계속해나가는 과정에서 성공하기 위한 열쇠인 것이다.

나는 다시 돈을 벌기로 결심했다. 지기만 하는 건 싫다. 내 판단을 후회하는 것도 싫다. 과거의 나를 부정하는 것 또한 싫다. 이미 발생한 이 손실을 만회하기 위해서는 속은 금액 이상의 돈을 버는 것이 최선이라고 확신했다.

"아스카는 행운이었던 거야. 만약 돈을 더 많이 번 후에 이런 일을 겪었다면 손해가 더 컸을 테니까. 어떤 사건이든 자기가 어떻게 받아들이느냐에 따라 의미가 달라지지. 바꿔 말하면, 영원히 같은 곳에 멈춰 서 있는 사람은 돈 버는 그릇도 작고 돈 벌 마음조차 없다는 의미가 되겠지. 그런 사람은 결코 부자가 될 수 없어. 한탄만 하면서 아무 행동도 하지 않으면 상황은 평생 바뀌지 않을 테니까. 부자가 되길 포기하고 싶지 않다면 그런 데 시간을 쓰지 말고 마음을 다잡고 돈을 낳는 행동을 해야만 해. 괜찮아, 아스카는 운이 좋아. 그러니 멈추어 서 있지 말고 지금 해야 할 일을 찾아서 해보길 바란다."

에비스 할아버지의 괜찮다는 이 마법의 말대로 2년 후 나는 사기 당한 액수의 열 배를 벌었다. 그 돈을 손에 넣은 후에야 비로소 그날의 사건도 나에게 필요했던 일이었다고 진심으로 감사할 수 있게 되었다. 과거의 내가 드디어 안도하고 치유된 순간이었다.

오늘의 배움 ─────────

- 돈을 당신의 관리 밖에 두어서는 안 된다.
- 어떤 일이 일어나든, 모든 것은 결정한 당신의 책임이다.
- 어떤 사건이든 어떻게 받아들이느냐에 따라 의미가 달라진다.

돈에 의존하지 마라
돈으로 꿈꾸지도 마라

돈이 있으면 할 수 있는 것들이 늘어난다.

돈이 있으면 대부분의 소원은 이룰 수 있다.

돈이 있으면 대부분의 고민은 해결된다.

"이렇게 생각하면 돈이란 정말로 대단한 거죠!"

돈의 힘을 매일매일 실감하게 된 나는 전보다 한층 더 돈에 감사하게 되었다. 그런 나를 보며 할아버지는 조금 타이르듯 이렇게 말했다.

"돈이란 건 그걸 사용하는 사람에 따라 크게 달라진단다. 어떤 날은 천사였다가 어떤 날은 악마가 되기도 하지. 이렇게 우리를 시험하는 도구가 또 있을까? 난 아직까지 본 적이 없어. 돈은 확실히 편하지. 다만 돈 자체에 어떤 특별한 힘이 있는 건 아니란 걸 꼭 명심하길 바란다."

"돈 자체에는 특별한 힘이 없다고요?"

"그래, 이 부분에서 함정에 빠지는 사람이 참 많단다. 돈만 있으면 행복해질 수 있을 거라는 생각 말이야. 돈을 벌기 전에도, 돈을 벌고 난 뒤에도 사람들 대부분은 자기도 모르는 사이에 이 덫에 걸려 버리지. 때로는 몇 번씩이나 걸리기도 해. 그만큼 돈이라는 건 착각을 잘 일으키게 하지."

할아버지는 다가앉으며 이야기를 계속했다.

"아스카, 돈과 잘 지내는 비결을 가르쳐줄까? 돈과 잘 지내기 위해서는 결코 돈에 기대를 품어서는 안 된다는 거야."

"돈에 기대를 품지 않는다고요…?"

"그래, 돈에 기대를 품으면 안 된단다. 분명 돈은 많은 꿈들을 이루어주지. 그 사실에 익숙해져버리면 돈이 뭐든지 다 들어준다고 착각하게 돼. 하지만 너도 잘 알다시피 돈이 모든 걸 다 들어주지는 않잖니. 사랑이나 인간관계, 건강 같은 것들은 혼자 힘으로는 할 수 없지? 사람이 해결할 수 없는 일, 오직 신만이 해결할 수 있는 기적 같은 일은 돈으로도 해결할 수 없어."

전에 할아버지가 들려준 이야기가 떠올랐다. 부자는 돈으로 해결할 수 있는 고민은 당장 돈으로 해결한다는 것. 생명처럼 소중한 시간을 낭비하지 않기 위해서라는 것이다. 돈을 어디까지나 수단으로 여기기 때문에 실천할 수 있다는 의미이기도 하다. 돈은 만능이 아니다. 돈이 모든 소망을 들어주지는 않는다.

"가끔 돈으로 행복을 사려고 하는 사람들이 있어. 그건 의미도 없고 애초에 불가능하기도 하지. 하지만 그렇게 굳게 믿고 앞만 보고 달리는 사람은 그게 아니란 걸 좀처럼 깨닫기 어려워. 돈이 없으면 행복해질 수 없다고 생각한다면 이미 불행의 입구에 들어선 상태라고 해야겠지."

불행의 입구라는 말이 왠지 무섭게 느껴졌다.

"돈이 없는 단계에서부터 이미 승부는 결정 나지. 그 시점에서 돈만 있다면 행복해질 수 있을 거라고 생각하는 사람은 돈을 많이 벌어봤자 행복해질 수 없어. 아무리 채워도 밑 빠진 독에 물 붓는 것처럼 끊임없이 허기지고 허무한 감정에 이미 마음속 깊은 곳까지 지배당해서 진짜 행복이 들어설 자리가 없기 때문이지. 행복을 느끼기 위해서는 무엇보다 사소한 것에도 쉽게 행복해지는 사람이 되어야 해. 결코 돈이 목적이 되어서는 안 돼. 돈이 있기 때문에 행복한 게 아니야. 행복을 행복 그 자체로 느끼지 못하고 무슨 특별한 존재처럼 여기지 않도록 항상 조심해야 한단다."

이 말은 부자 연습생인 나에게도 적용되는 말이다. 부자가 아닌 지금의 나는 불행한 상태라고 느꼈다. 돈이 있기 때문에 행복하다고 한다면 그 행복은 돈이 없으면 성립되지 않는다는 말이니 얼마나 위험한 사고방식인가. 아마도 할아버지의 이야기는 돈이라는 것과 행복이라는 감정은 별도의 관계로 생각해야 한다는 의미일 것이다.

"돈이 있을 때 행복한 사람은 그 돈을 손에 넣기 전부터 이미 정신적으로 부자인 사람이란다. 좀 더 구체적으로 설명하자면, 돈을 손에 넣기 전부터 평범한 일상 속에서 충분히 감사하고 행복함을 느끼고 있는 사람이라는 거지. 그런데 그 반대인 사람, 말하자면 행복 불감증인 상태에서 돈을 손에 넣은 사람은 그 돈으로 뭘 해야 할지 몰라 낭비하게 돼. 보여주기 식으로 써봤자 행복은 손에 잡히지 않아. 행복이란 건 마음의 문제라서 그래. 아무리 돈을 써도 채워지지 않고 언제나 신경이 예민해지지. 얼굴까지 점점 험악해지는 사람도 많단다. 그런 사람은 차라리 돈을 벌지 않았으면 더 좋았겠다 싶기도 해. 유감스럽게도 그런 사람들이 생각보다 많더구나. 모처럼 돈을 벌어도 그러면 전혀 의미가 없지 않겠니?"

"음 그건 좀 슬픈걸요. 엄청 허무할 것 같아요. 그런 사람이 되고 싶지는 않은데, 누군가 저에게 그들과 다르다고 확신하는지 묻는다면 전 모르겠다고 대답할 것 같아요. 그렇게 부정적인 쪽으로 빠지지 않으려면 어떻게 하면 좋을까요?"

"간단하지"

에비스 할아버지는 웃으며 말했다.

"돈을 함부로 신격화하지 말 것, 돈에 기대하지 말 것, 돈으로 꿈꾸지 말 것. 그리고 돈이 너의 모든 소망을 들어주는 것도 아니니 그렇게 저자세일 필요는 없어. 세상 모든 일들을 돈이라는 필터를 통해서가 아니라 있는 그대로 봐야 해. 어찌 됐든 돈을 자신보다 위에 두면 안 돼. 돈을 잘 쓰기 위해서는 주종관계를 명확히 할 필요가 있단다."

돈이 있으면 할 수 있는 것들이 너무나 많기 때문에 자기도 모르게 돈을 숭

배하게 된다. 하지만 감사하는 마음을 갖는 것과 숭배하는 것은 다른 차원의 문제다. 자신의 행복을 모두 돈에 싣는다는 건 무책임한 행동이 아닌가. 그것은 자기 자신에게도 실례가 된다.

할아버지는 마지막으로 덧붙였다.

"돈은 어디까지나 수단에 불과하지. 단지 도구일 뿐이야. 꿈이나 이상을 이루어주는 건 돈이 아니라 자기 자신이라는 사실을 부디 잊지 않기를 바란다."

오늘의 배움 ────────────────────────────────

• 돈 자체에는 특별한 힘이 없다.

• 돈만 있으면 행복해질 수 있다고 생각하는 사람은 돈이 있어도 행복해질 수 없다.

• 돈이 모든 소망을 들어주는 것은 아니다.

────────────────────────────────

4장

돈을 끌어당기는
부자의 습관

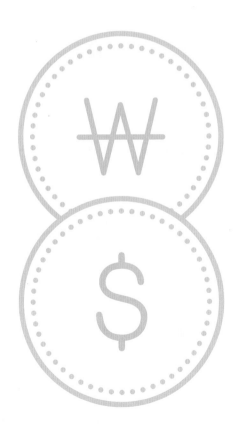

부자들은 왜 운이 좋을까

지금 바로 내 눈앞에서 불과 20초 만에 5백만 엔이 늘어났다. 돈이란 도대체 무엇일까. 내 연봉을 훌쩍 넘는 돈이 고작 이 한 개의 칩에 들어 있다니, 신기했다. 나에게는 특별한 경험이 자산가들에게는 일상일 것이라고 생각하니 기분이 묘했다.

싱가포르 출장 마지막 날, 카지노 맨 위층 비밀의 방에 갔다. 보안문을 지나 가장 안쪽에 위치한 이곳은 VVIP 회원들만 들어갈 수 있는 곳으로, 일반인들은 존재 자체도 모르는 공간이었다. 최소 베팅 금액은 5만 엔. 평균적으로는 50만 엔이었다. 옆 테이블에는 엔화로 약 1억 엔은 거뜬해 보이는 코인을 쌓아놓고 즐거운 듯이 블랙잭을 즐기는 중국계 부자가 있었다.

눈부신 샹들리에에 새빨간 카펫, 언제든 원하는 음료를 가져다주고 뷔페 음식도 있어서 마음만 먹으면 하루 종일 있을 수도 있다. 창문이 없어서 낮인지 밤인지 알 수 없었고 동선과 구조도 잘 설계되어 시간과 공간을 가늠할 수 없었다.

"좋았어, 여기로 하자."

방 안을 한 바퀴 돌아본 에비스 할아버지는 한 테이블을 가리켰다. 손님이 아무도 없었다. 최근 결과가 딜러 옆 화면에 표시되어 있었다. 할아버지는 그 화면을 보고 어떤 법칙을 발견한 것인지 바카라 게임을 골랐다. 플레이어와 뱅커 중 누가 이길지 예상해서 돈을 거는 매우 간단한 게임이었다. 단순해서 오히려 속임수 같은 건 없는, 말 그대로 도박이었다. 에비스 할아버지는 여유로웠다. 마치 이기는 게 당연하다고 말하는 것 같았다. 운을 시험해본다며 천진난만하게 웃는 그의 손에는 5백만 엔짜리 칩이 한 개 들려 있었다.

'운이 좋은지 알아보는 정도가 아닌 것 같은데….'

부자의 놀이는 때때로 일반인의 놀이와는 천지차이였다. 할아버지는 웨이터에게 아이스커피를 주문한 후 게임을 시작했다. 게임이라고 해봤자 승부는 한 번뿐이고 20초 만에 카드가 전부 결정되어 승부가 판가름 나는 게임이었다.

"아스카, 어느 쪽 같으냐?"

갑작스러운 말에 커피를 마시다 사레가 들렸다. 규칙도 거의 모르는 나에게 5백만 엔이 걸려 있었다.

"이기면 반 줄게, 절반씩 나누자꾸나."

"괜찮아요. 할아버지 돈이니까 이기면 전부 가져가셔야죠."

할아버지는 조금 불만스러운 듯 기침을 하면서도 여전히 즐거운 듯했다. 거절의 말로 잘 피해 갔다고 생각했는데 이번에는 가만히 내 눈을 들여다보며 싱글싱글 웃으며 다시 물었다.

"어느 쪽이 좋으냐?"

"저 진짜 몰라요. 혹시 누가 이길지 알 수 있는 방법이 있나요?"

"없지."

어떻게 이리도 아무렇지 않게 말할 수 있는 걸까? 확실하지 않은 단 한 번의 승부, 게다가 5백만 엔인데?

"어느 쪽이든 괜찮아. 그렇게 기죽지 말고. 져봤자 고작 놀이잖니. 우린 둘 다 운이 좋으니 왠지 잘 될 것 같은 느낌이 드는구나."

그런 말을 들으니 더욱더 부담스러웠다. 하지만 이 분위기로 봐서 내가 대답할 때까지 할아버지는 몇 번이고 같은 질문을 할 것이다. 어차피 확률은 반반이었다. 맞출 수도 있고 못 맞출 수도 있다. 오래 생각해봤자 맞출 수 있는 확률이 높아지는 것도 아니니 하나로 결정했다.

"그럼, 플레이어요."

"좋아, 나도 그렇게 생각했다."

할아버지는 웃음 짓더니 내 말대로 플레이어에 올인했다. 한 판으로 승부가 결정될 것이다. 심장이 두근거리기 시작했다. 딜러가 카드를 나누고 첫 번째 카드를 열었다. 숫자는 10. 또 하나의 카드는 숫자가 9였다. 이겼다. 불과

20초 만에 벌어진 일이었다. 할아버지는 5백만 엔을 추가로 벌어들이며 수중의 돈이 배로 늘어났다. 그것을 가지고 그대로 환금하러 갔다. 짧은 시간에 이렇게 크게 버는 돈벌이는 처음 보았다.

"아스카 덕분이구나."

그 어느 때보다도 흐뭇한 표정으로 기분 좋게 말하는 할아버지. 하지만 아마 졌더라도 기분 좋아했을 거란 생각이 들었다. 궁금했던 것을 할아버지한테 물어보았다.

"무섭지 않으셨어요?"

"뭐가?"

"순식간에 5백만 엔이 없어질지도 모르는 거요."

"무섭지는 않아."

"어째서요? 할아버지는 부자니까 5백만 엔 정도는 대수롭지 않은 금액이라서 그런 거예요?"

"아니, 금액의 문제는 아니야. 카지노에 오는 건 이기고 싶어서라기보다 사람을 만나고 감정의 변화를 즐기려는 거야. 여기 있는 것만으로도 목적의 80%는 달성한 게 되지. 이 게임만큼 공평하게 스릴을 맛볼 수 있는 게 사람 사는 세상에는 그렇게 많지 않거든. 무엇보다 여긴 돈에 대한 개념이나 신념을 바꾸는 데 아주 적합한 공간이기도 하단다."

할아버지는 천천히 말을 이어갔다.

"왜 아스카를 여기에 데려왔는지 알겠니? 아스카는 스스로 운이 좋다고 자신 있게 말할 수 있는 사람이라서란다. 인생의 95%는 운으로 결정되지. 운이 좋은 사람도 있어. 이건 부자라면 공통적으로 생각하는 건데, 운은 전염되는 게 확실하거든. 그래서 운 좋은 사람들과 가능한 한 오래 있는 게 절대적으로 좋지."

할아버지의 말을 듣고 있자니 내가 그렇게 운이 좋은 사람인가 싶어 기분이 좋았다. 할아버지는 계속해서 이야기했다.

"다만 아까는 아무래도 고민하는 모습이 보이더구나. 저런 승부는 처음이었을 테니 당연하지. 그러나 다음부터는 한 단계 더 위로 가자꾸나. 더 자신감을 가져도 돼. 어떤 상황일지라도, 설령 졌다고 할지라도 난 운이 좋은 사람이라고 자신 있게 말할 수 있는 사람이 된다면 아스카는 이미 부자가 된 거란다."

부자들은 왜 운이 좋을까.

그건 어떤 상황에서든 '난 운이 좋다'고 굳게 믿고 있기 때문이다. 운이 좋은 사람에게 운 나쁜 일이 생길 리는 없다. 똑같은 일이 벌어졌다고 하더라도 운 나쁜 사람은 그것을 '운이 나빠서 그렇다'고 말하지만 운이 좋은 부자는 그것을 '운이 좋았다'고 해석한다.

"이런 일들이 쌓이고 쌓이면 의식이 현실을 만들어가게 된단다."

할아버지는 빙긋 웃으며 돈다발을 가방에 넣었다.

오늘의 배움 ————————————————————————————

- 운이 좋은 사람들과는 가까이할수록 좋다.

- 인생의 95%는 운으로 결정된다.

- 무슨 일에든 '운이 좋아서'라고 말할 수 있게 된다면 당신은 이미 부자다.

'하지만, 어차피, 왜냐하면'을 버려라

말이 의식을 만들고, 의식이 현실을 만든다. 그래서인지 부자들은 말에 굉장히 민감하다. 할아버지와 알게 된 지 아직 얼마 되지 않았을 무렵, 나 자신도 몰랐던 말버릇을 상당히 엄격한 어조로 지적받았다.

"거봐, 또 그 말 하는구나. '하지만, 어차피, 왜냐하면' 자꾸 그런 말들로 변명 늘어놓으면 좋으니? 대답은 긍정적으로 하는 게 좋아. 변명을 늘어놓아 봤자 좋을 게 없어. 자신에 대한 평가만 낮출 뿐이야. 도대체 언제까지 그렇게 도망가기만 할 거니? 모처럼 다른 사람들보다 높은 단계에 가겠다고 이 세상에 발을 딛었는데 이대로 계속 시간 낭비할 거야?"

"실제로 투자를 해보는 게 어떠니?"라고 묻는 할아버지에게 나도 모르게 지극히 부정적인 대답을 했다.

"하지만 해본 적도 없고…."

"어차피 뭐부터 시작하면 좋을지도 모르고…."

"왜냐하면 할아버지가 자상하게 가르쳐 주시지도 않을 테니까요."

입으로는 부자가 되겠다고 큰소리치고 다니다가 막상 구체적으로 실천해야 하는 순간이 오면 지레 겁먹고 이런저런 변명을 늘어놓으며 시작을 뒤로 미뤄왔다. 부끄러웠다. 무의식중에 돈도 부자도 멀어지게 하는 나의 생각 없는 말버릇이 속상해서 견딜 수 없었고, 이런 나의 무지함을 일깨워주려는 할아버지의 자상함에 눈물이 날 것 같았다. 할아버지는 나를 타이르듯 이렇게 말했다.

"난 정말 기뻤단다. 나이도 어린 여학생이 희망을 한가득 품고 부자들 세계의 문을 두드리다니. 그 당찬 모습이 참 대견해보이더구나. 오랜 경기 침체로 생기를 잃어버린 요즘 같은 시대에 아직도 이런 젊은이가 있다니, 감사함마저 느꼈단다. 그런데 어떠니? 우리가 처음 만난 후로 시간이 꽤 지났는데 자산 상황에는 거의 변화가 없지 않니? 아무것도 하지 않았으니 그건 당연하지. 행동으로 옮기지 않는다면 아무것도 배우지 않은 거나 마찬가지야."

그렇게 진지하게 생각해주시는 줄은 꿈에도 몰랐다. 할아버지의 깊은 뜻은 하나도 모른 채 그저 함께 차 마시며 수다만 떨고 있었다. 너무 뻔뻔스럽지 않을까, 이런 거 물어보면 실례가 아닐까, 미움받거나 실망시키고 싶지 싶지 않은 마음에 결국 말을 꺼내지 못했다. 몇 번인가 도전해보려고 하긴 했지만 이런 마음 때문에 결국 말을 꺼내지 못했다. 자산가들 앞에서 막상 돈이나 투자 이야기를 꺼내려니 주눅이 들어 말을 아끼자는 생각이 점점 커졌다. 나중에는 그런 주제는 아예 꺼내지 않게 되었다. 회피했던 것이다.

이런 생각을 솔직하게 말하자, 할아버지는 이해가 된다는 듯한 표정을 지으며 자상하게 대답해주었다.

"그걸 어떻게 받아들이는가는 신경 쓰지 않아도 돼. 가능하면 많은 도움을 주고 싶은 건 진심이란다. 돈이든 투자든 무엇이든 물어봐도 돼. 경험도, 자산도 서로 다르다는 건 처음부터 알고 있는 사실이잖니? 그런 걸로 바보 취급하거나 싫어하진 않아. 다만 한 가지, 앞으로 본격적으로 돈 공부를 시작할 때 꼭 지켰으면 하는 게 있어. 부정적인 말투를 쓰지 않는 것. 그런 말들을 내뱉으면 현실에서 자꾸 도망치게 된단다."

할아버지는 나를 똑바로 바라보며 다시 이렇게 말을 이어갔다.

"지금까지 투자가를 비롯해 잘나가는 기업의 경영자들까지 많은 사람들을 만나왔어. 그렇게 승승장구하는 사람들에게는 공통적인 특징이 있지. 한 분야에서 뛰어난 성과를 낸 사람, 뭔가를 이루어낸 사람들은 절대로 그런 말투를 쓰지 않는다는 거야. '하지만, 어차피, 왜냐하면' 같은 말투는 성공한 사람들의 세계에서 금기어란다. 게다가 이렇게 부정적인 말투를 쓰다 보면 아무리 시간이 흘러도 제자리걸음만 하니까 마음도 점점 우울해지겠지. 자신의 문제를 발견하지 못하는 인간은 성장할 수 없어. 어째서 이런 상황이 되었나, 내게 부족한 건 없나, 이런 식으로 자기 자신을 돌아봐야 한다는 점에서 투자는 자기 부담이 크지. 어떤 상황에서든 자신을 돌아보지 못한다면 성공은 찾아오지 않아."

할아버지는 크게 숨을 들이쉬며 진지한 어조로 말했다.

"부자가 되고 싶다면 1억 엔을 모을 때까지 변명과 책임 전가는 절대로 하지 않을 것. 이 말을 지킬 수 있겠니?"

할아버지의 진심이 느껴져서 나는 등을 펴고 고개를 끄덕였다. 한없이 미숙한 내가 이렇게 인간성까지 좋은 할아버지를 만나다니, 행운이었다.

그날부터 나는 도망이라는 선택지를 만들지 않았다. 변명과 책임 전가를 배제하니 부자들의 지식이나 경험, 사고방식을 배울 수 있었다. 멈췄던 현실도 다시 움직이기 시작했다. 예전에 비할 수 없을 정도로 빠르게 성장했다. 말이 가진 힘을 새삼스럽게 다시 느낄 수 있었다.

오늘의 배움 ————————————————————————

- 성공하고 싶다면 '하지만, 어차피, 왜냐하면'의 변명하는 말투는 금기어다.
- 부자는 변명과 책임 전가를 싫어한다.
- 도망치지 않으면 비약적으로 빠르게 성장한다.

————————————————————————————————

3년 뒤에 죽더라도
지금 그대로 있을 것인가?

"할아버지. 제가 약은 걸까요?"

"무슨 일 있니?"

"오늘 '아스카는 혼자 부자들만 만나고 다녀. 약았어'라는 말을 들었어요. 그렇게 친하지도 않은 애한테요. 제가 왜 그런 말을 들어야 하는 건지 억울해요."

부자들과 만남을 이어오고 있는 걸 친구들에게 비밀로 하지 않았다. 우연히 친해진 사람들이 부자였던 터라 그럴 이유가 없었다. 하지만 세상 사람들의 시선은 달랐다. 나는 '차라리 말하지 말걸' 하며 후회했다.

"교류하고 싶지 않은 사람들과는 만나지 않아도 돼. 아스카가 후회해야 하는 건 그런 말을 한 게 아니라 그런 식으로 바라보는 사람들, 그런 마음에도 없는 말을 하는 사람들과 만나고 있다는 사실이야."

"거리를 두란 말인가요?"

나는 할아버지에게 되물었다.

"그래. 그 사람들이 아스카의 행복한 세계를 위협하는 사람들이라면. 질투나 시샘, 불평, 불만, 푸념 같은 비뚤어진 감정이나 그런 말이 난무하는 세상에 있어서는 안 돼. 그런 하찮고 가난한 사람들과는 엮이지 않는 게 좋아. 나도 언제부턴가 의식적으로 배제해왔는데, 그 결과 지금 내 주변에는 사랑과 행복이 넘치는 관계만 남아 있어. 환경도 그렇지만 어떤 사람들과 교류할지도 자신이 직접 선택할 수 있고, 선택해도 된단다. 함께할 사람을 고르고 떠나가는 사람을 굳이 붙잡지 않는 것. 그게 나의 기본자세야. 누구와 만나는가에 따라 그 사람의 인생이 크게 바뀐다는 걸 잘 알고 있기 때문이지."

할아버지와의 만남을 돌아보면 정말 맞는 말이다. 평범한 내 세상을 이렇게나 넓혀준 것은 눈앞에 있는 바로 이 부자 할아버지였다.

"아스카, 이 말 들어봤니? 한평생 나와 어떤 접점을 가진 사람이 3만 명, 그중에서 같은 학교, 직장, 이웃처럼 가까운 관계가 되는 사람이 3천 명, 그리고 또 그중에서 친해져서 대화를 나누게 되는 사람은 3백명, 친구라 부를 수 있는 사람은 30명. 그리고 가장 친한 사람이라고 할 수 있는 사람은 3명이라는 말이 있어. 전 세계 인구로 계산해보면 그냥 접점이라도 있는 사람이 전체의 1%도 거의 안 된다는 뜻이지. 학교에서는 친구들과 모두 사이좋게 지내라고 가르치지만, 이 수치를 본다면 그런 건 현실적이지 않다는 걸 바로 깨달을 수 있을 거야. 너에게 상처를 주고 네 삶을 방해하는 사람, 너를 소중히 여겨주지 않는 사람에게 귀한 시간을 할애할 필요는 없어. 인생은 생각보다 많이 짧고 언제 죽을지도 모르거든. 아스카에게는 아스카와 만나야만 하는 사람들이 있단다."

어릴 때는 집과 학교가 세상의 전부였기 때문에 그곳에서 잘 지내지 못하면 내 존재가 부정당하는 것 같았다. 잘못하면 투명 인간이 될 수도 있어서 억지로 웃은 적도 있다. 싫은데도 그냥 좋게 좋게 넘어갈 때도 많았다. 그렇게 하는 게 차라리 더 편하기 때문이었다.

"어른이 된 이후에도 어릴 때처럼 살고 있는 사람들이 참 많아. 하지만 더이상 그러지 않아도 돼. 그때와 상황이 달라졌거든. 네가 있고 싶은 장소도, 네가 관계를 맺고 싶은 사람도 모두 네 의사대로 자유롭게 선택할 수 있으니까. 어른이 된다는 건 자유롭고 즐거운 거야."

더 이상 참을 필요도 없고, 쓸데없이 신경 쓸 필요도 없었다. 할아버지에게 이 말을 들은 뒤 큰맘 먹고 고정관념을 깨기 시작했다. 알고 지내고 싶은 사람을 의식적으로 골랐다. 그러자 그에 따라 우선순위는 물론 시간을 활용하는 방법도 점점 바뀌어갔다. 지금까지 내 나름대로는 의식했다고 생각했었는데, 실제로는 전혀 그렇지 못했다는 사실을 깨달았다. 나로서는 기분 좋은 변화였다. 줄일 수 있는 무의미한 시간이 아직 많이 있었다. 나는 본래 이렇게 자유롭게 사용할 수 있는 시간이 충분했다.

"쓸데없는 속박들이 많으면, 아무래도 진정으로 소중한 사람이나 중요한 일들에 배분할 수 있는 마음의 여유가 그만큼 줄어들 수밖에 없겠지? 아끼는 마음만큼 충분히 챙겨줄 수 없으니까."

좋아하는 사람에게만 집중하는 인생을 살기 시작한 이후로 에비스 할아버지의 말이 한층 더 깊이 마음에 남았다. 만약 할아버지에게 고민을 상담하지 않고 혼자 계속 끙끙거리고 있었다면 어쩌면 평생 깨닫지 못했을지도 모른다. 그렇게 생각하니 인생이란 정말로 인연과 타이밍이 중요하다는 생각이 들었다.

인간관계를 크게 바꾼 이후에도 유일하게 변화를 주지 않은 곳은 직장이었다. 일을 그만둘 결심이 굳혀지지 않았다. 근무 환경은 그럭저럭 괜찮았다. 상사나 동료 운도 나쁘지 않았다. 사원들끼리 잡담할 때면 "신의 직장이야, 이런 회사는 전국을 뒤져봐도 없을 거야"라는 식으로 말하곤 하는 곳이었다.

하지만 업무 자체는 단조로운 사무작업이라, '평생 이렇게 살아도 괜찮을까. 내 능력을 사용할 수 있는 다른 어떤 일이 더 있지 않을까' 하는 생각에 막연한 답답함이 날이 갈수록 커지고 있었다. '여기 계속 있다 보면 바보가 될 것 같다, 여기는 내가 있을 곳이 아니다.' 이런 생각이 어른거리기 시작할 무렵, 에비스 할아버지는 나의 마음을 간파한 듯 이렇게 말했다.

"인생이 정체된 느낌이라면, 자기 자신을 한번 돌아보렴. 아무리 열심히 들여다봐도 그곳에서 명확한 답을 찾을 수 없으면 그 다음에는 자신이 속한 환경을 돌아보면 돼. 대개는 그곳에 답이 숨어 있거든. 환경의 힘이란 참 강해서 좋게, 혹은 나쁘게 자신의 사고방식이나 삶의 방식에 큰 영향을 미치지. 자신에게 솔직하고 정직하게 살아갈 수 있게 된 아스카라면 이미 어중간한 행복으로는 만족할 수 없을 거야. 그런 위화감을 억누를 수 없을 때, 그때 용기를 내어 뛰쳐나오는 것도 중요해. 모처럼 인생에 가속도가 붙기 시작했는데 직장에 발목 잡혀 있으면 억울하니까. 3년 뒤에 죽더라도 지금 그대로 있을 것인가. 만약 이 질문에 그렇다고 대답할 수 있으면 괜찮아. 물론 지금 아스카의 대답은 그게 아니겠지? 세상이라는 건 생각보다 훨씬 넓어. 일하는 데 많은 시간을 할애하다보면 그 사실조차 깨닫지 못할 수도 있지만."

할아버지는 마지막으로 덧붙였다.

"마음의 소리에 귀를 기울이면, 정말로 자신이 무얼 원하는지 알 수 있을 거야. 살아 있는 동안 정말로 해보고 싶었던 게 있지 않을까?"

나는 그 다음 주에 바로 사직서를 냈다. 하루의 대부분의 시간을 차지했던 '일'을 내려놓음으로써 앞으로의 인생이 더 재미있어질 것 같았기 때문이었다. 아직 보지 못한 세상이 보고 싶었다. 한 번뿐인 이 인생을 극한까지 맛보고 싶었다. 그것이 내가 일을 그만둔 이유였다.

안정적인 직장과 급여에 대한 집착을 내려놓자 세상은 순식간에 활짝 열리는 것 같았다.

오늘의 배움 ————————————————————————————

• 교류하고 싶지 않은 사람과는 만나지 않아도 된다.

• 첫째로 나 자신. 그 다음 환경을 돌아봐야 한다.

• 판단의 기준은 '3년 뒤에 죽더라도 지금 그대로 있을 것인가'이다.

————————————————————————————

부자를 곁에 두는 방법

부자 할아버지들을 알게 된 이후 계속 품고 있던 의문이 있다. 그들 모두 수수한 옷차림을 하고 있다는 점이었다. 아무리 봐도 일반인과 다르지 않았다. 지나가는 회사원이나 가끔 모이는 대학 동기들이 오히려 훨씬 부자처럼 보였다. 부자들만의 취향인가? 아니면 어떤 의도가 있는 것일까. 나는 단도직입적으로 물어보기로 했다.

"다들 돈도 많은데 왜 명품을 안 입어요? 전혀 부자 같지 않아 보여요."

그들은 서로 얼굴을 마주보고 크게 웃으며 이렇게 말했다.

"이걸로 충분하단다."

"네? 무슨 의미예요?"

"길거리에서 부자처럼 보여 봤자 좋을 게 없으니까."

그들은 오히려 부자 같아 보이지 않는 게 만족스러운 모양이었다. 태어날 때부터, 혹은 이미 충분한 부를 축적했기 때문에 가는 곳마다 VIP 고객으로 대우받는 것이 일상인 게 그들이었다. 어디에 가든 극진한 서비스를 누리는 게 부럽기 그지없었는데 그들은 그런 일상에 질린 모양이었다.

"사람은 80% 이상의 정보를 시각으로 받아들인다는 건 알고 있지? 그러니 옷차림은 중요할 거야. 상대방에 대한 매너이기도 하고. 하지만 안타깝게도 그 때문에 표면적인 부분만 보면서 태도를 바꾸는 사람들이 있어. 그런 사람들 중에 제대로 된 사람은 없지만 말이다. 무의식중에 그들은 아마 사람의 급을 나누고 있을 거야. 이 사람은 나보다 위구나, 이 녀석은 나보다 아래네, 뭐 이런 식으로 말이지. 하지만 그건 어리석은 행동이란다."

한숨을 쉬며 에비스 할아버지는 말을 이어갔다.

"요즘엔 품위 없는 사람들이 참 많아. 돈 자랑하는 사람들이 왜 그렇게 많은지. 생각해보렴. 6천만 엔짜리 차에 7억 엔짜리 시계. 하지만 정작 그걸 소유한 본인은 내면이 0엔짜리라면 그 차나 시계가 오히려 아깝지 않겠니? 액세서리가 내면을 가려줄 거라 믿는 사람은 아마 이해하지 못하겠지만, 도금은 언젠가 벗겨진다. 사람은 자신의 그릇 이상으로는 돈을 가질 수 없거든."

말을 마친 할아버지는 문득 뭔가가 떠오른 듯 하늘을 바라보았다.

"우리가 왜 아스카랑 친해진 거라고 생각하니?"

사실 그건 나도 모른다, 아니 오히려 내가 묻고 싶었다.

"그러고 보니 그러네요. 왜일까요? 그냥 제가 재미있는 사람 같아서요?"

갑작스러운 질문에 나는 횡설수설했다. 이런 내 모습이 재미있는 모양이었다.

"아스카가 우리들을 전혀 부자 취급하지 않아서 그렇단다. 물론 의식하지 않았겠지만. 좋은 의미로든 나쁜 의미로든 상당히 공평하게 말이지. 자랑이 아니라 밖에 나가면 다들 우리에게 머리를 숙여. 다들 어딘가의 대표라는 직위도 있고 중책도 맡고 있으니 당연하긴 하지. 하지만 아스카와 얘기를 나눌 때는 그런 사회적인 시선 없이 그냥 한 사람으로 있을 수 있어. 그렇게 한 명의 나란 사람으로 대해주는 게 그저 기쁠 따름이지."

약간 겸연쩍은, 이상한 느낌이 들었다. 맞다. 의식하지는 않았다. 단지 그들이 말하는 돈의 자릿수가 나와 너무 달라서 실감이 안 났다는 표현이 더 맞을 것이다.

"부자들을 만날 때 절대로 하면 안 되는 걸 가르쳐줄게. 아스카는 무의식 중에 이미 그렇게 행동하지만 언젠가 의식해야 하는 상황이 찾아올지도 모르니까. 부자들을 만날 때는 절대로 그들을 부자 취급하지 말 것. 눈앞에 있는 그 사람을 한 사람으로 봐야 한다는 점이야. 부자도 사람이거든. 그걸 보지 못하고 그 사람이 가진 돈에만 관심이 있다면 씁쓸하겠지? 돈이 많다는 칭찬을 들어도 기분이 썩 좋지 않아. 우리에게 돈이 많다는 건 평범한 거거든. 그런 말을 듣는 순간, 마음의 문을 닫아 버리게 돼."

할아버지는 곰곰이 생각하다 예를 들어 말하기 시작했다.

"그건 말이야, '숨을 쉬다니 정말 대단해요' 같은 칭찬을 듣는 거랑 같아. 보통 의식하면서 숨을 쉬지는 않잖니? 마찬가지야. 돈이 있다는 건 우리에겐 그런 느낌이야. 앞으로 아스카는 돈이 있다는 사실이 아니라 과정에 주목했으면 좋겠어. 돈을 버는 과정에는 각자가 소중히 여기는 것이 숨어 있거든. 돈은 그 소중한 것에 부여한 일종의 칭호 같은 거지. 세상이 필요로 하는 가치를 제공할 수만 있다면 돈은 자연스럽게 모여든단다."

돈은 공기와 같다. 살아가는 동안 당연하게 존재하는 것. 아직 와닿지는 않았지만 부자들의 이런 관점을 내 것으로 만들 필요가 있었다.

"사람들이 우리를 선입견을 가지고 보지 않게 하려면 부자가 아닌 것처럼 보여야 해. 그래서 우리는 계속 그럴 거야. 물론 고급 레스토랑 같은 곳에 갈 때는 그에 걸맞은 차림을 하니 안심하렴."

부자들도 나와 똑같은 사람이라는 사실을 새삼 느끼니 왠지 마음이 따뜻해졌다. 그들의 내면을 만나고 나니 한층 더 친근하게 느껴졌다. 최고급 양복을 걸쳤을 때 그들이 자아내는 분위기는 다르다. 그들이 그렇게 차려입는 것은 상관없다. 내면은 언제나 그대로인 걸 잘 알고 있기 때문이다.

오늘의 배움 ────────

- 복장과 행동에는 TPO가 있다.
- 부자와 만날 때는 절대로 그들을 부자 취급해서는 안 된다.
- 부자에게 돈은 공기와 같다.

부자와 가난한 사람이
영원히 섞일 수 없는 단 하나의 이유

시원하게 탁 트인 푸른 하늘. 아주 기분 좋은 날씨였다. 에비스 할아버지 저택의 넓은 정원에서 햇살을 즐기며 여유롭게 점심을 먹기로 했다. 골프장처럼 카트를 타고 정원 한가운데까지 가서 정성스럽게 준비된 피크닉 만찬을 즐겼다. 배가 어느 정도 찼을 무렵 나뭇잎 사이로 불어오는 부드러운 바람을 맞으며 할아버지가 불쑥 질문을 던졌다.

"부자들에게는 세상이 두 개, 가난한 사람들에게는 세상이 하나. 이게 어떤 뜻인지 아니?"

나는 깜짝 놀라 되물었다. 한 번도 그런 식으로 생각해본 적이 없었다.

"네? 세상은 하나 아닌가요? 도덕 교과서에서도 세상은 하나라고 하면서 모두 다 형제니까 서로 도와야 한다고 하잖아요."

"아, 물리적인 의미에서의 지구 이야기는 아니야. 지구라는 행성은 물론 하나지. 그게 아니라 살고 있는 세상이라는 뜻으로 물어본 거였어."

살고 있는 세상….

"그러고 보니 그 사람과 나는 사는 세상이 다르다는 말은 자주 들어본 것 같아요. 그런데, 어? 그런 말은 할아버지 기준에서 보면 가난한 사람들의 사고방식인 줄 알았는데 그게 아닌가요? 반대로 말씀하신 거 아니에요? 가난한 사람들에게는 하나이고 부자들에게는 두 개라고 하셨잖아요."

"그래. 중요한 걸 눈치 챘구나."

할아버지는 활짝 웃으며 기쁜 듯이 설명하기 시작했다.

"가난한 사람들일수록 세상을 변명의 이유로 삼는단다. 예를 들어 '그 사람과 나는 사는 세계가 다르니까', '세계가 달라서 그런 거야'라고 하면서 말이지. 하지만 그들은 정말로 다른 세상이 존재한다는 건 모른단다. 하긴 본 적이 없으니 알 턱이 없겠지. 가령 사는 곳이 다르다고 해도 그들이 상상할 수 있는 건 고작해야 지역이나 동네 같은 정도일 거다. 정말로 세상이 다르다곤 상상하지도 못해. 그냥 비싼 동네에 가면 언제든 부자들을 만날 수 있다, 뭐 이런 정도겠지? 마음만 먹으면 당장이라도 거리를 좁힐 수 있는 정도로 별 차이가 없다고 믿을 거야."

그런데 전에 부자와 부자가 아닌 사람 사이에 차이는 거의 없다고 하지 않았던가. 그래서 할아버지에게 반문했다.

"하지만 전에 할아버지가 돈을 많이 버는 사람과 벌지 못하는 사람의 차이는 거의 없다고 가르쳐주셨잖아요. 돈을 벌고 싶은 진짜 이유를 깨닫기만 한다면 누구든 당장 돈을 벌 수 있다고요."

"응, 그랬지. 사실 그 말은 부자 세계의 사람이 가난한 쪽 사람들을 끌어올릴 때나 해당하는 말이야. 마치 헬리콥터에서 사다리를 내려 끌어올리는 것 같은 느낌이지. 보통 세상이 나누어져 있다고 하면 좌우로 나누어졌다고 생각하는 사람들이 많아. 하지만 실제로는 위아래로 나누어져 있어. 하늘과 땅, 고층 빌딩. 그런 식으로 설명하면 이해하기 쉬우려나? 위에서 내려다보면 땅에 뭐가 있고 어떤 모습인지 잘 보일 거야."

"맞아요. 높은 곳에 올라갈수록 세상이 한눈에 들어오는 것 같아요. 세상이 내 발 아래 있는 것 같고요…."

나는 고개를 끄덕이며 할아버지의 말에 수긍했다.

"그래, 고층빌딩에 올라가서 볼 때나 비행기에서 내려다볼 때도 그렇지. 그런데 땅에서는 어떨까? 아무리 목 아프게 올려다봤자 빌딩 옥상에 뭐가 있는지 도저히 알 수 없겠지? 부자들은 가난한 사람들의 세상이 어떤 모습이고 어떻게 하면 그곳에서 벗어날 수 있는지를 한눈에 알 수 있어. 전부 보이니까. 그래서 그곳을 빠져나오려고 발버둥치는 사람에게 가장 적합한 수단을 알려줄 수 있어. 하지만 그와 반대로 가난한 사람은 스스로의 힘으로 부자들의 세계에 사다리를 올릴 수 없단다."

고층 빌딩과 땅이라는 표현이 묘하게 납득이 갔다. 빌딩 옥상에 있는 루프톱 바도 땅에서 다니는 사람들은 그 존재조차 알 수 없을 것이다.

"부자들 세계에서 가난한 사람들 세상으로는 혼자서도 갈 수 있어. 껑충 뛰어내리기만 하면 되니까 간단하지. 하지만 그 반대는 힘들어. 가끔 운 좋게 부자들 세계로 갈 수 있는 계단, 에스컬레이터나 때로는 엘리베이터를 발견하는 사람도 있는데 그건 극히 일부에 불과해. 위아래로 분리되어 있다는 사실조차 깨닫지 못한다면 애초에 그런 계단을 찾을 수도 없을 테니까. 가난한 세상에 사는 사람들 대부분은 정확하게 파악도 못한 채 언제든 마음만 먹으면 갈 수 있다, 아직은 괜찮다, 언제든 갈 수 있으니 나중에 가자, 이런 식으로 생각하며 여유를 부리다 결국 죽음에 이르지. 언제든 갈 수 있다고 생각하는 건 착각이라는 사실, 아스카는 알겠지?"

부자들은 자신들이 가난한 사람들과 다른 세상에 산다는 걸 알고 있다. 하지만 가난한 사람들은 부자들과 다른 세상에 살고 있다는 것을 알지 못한다. 곱씹어볼수록 맞는 말이었다. 상상할 수 있는 것은 전부 이룰 수 있다는 말조차 상상할 수 있는 그 뭔가를 알고 있어야 이룰 수 있다는 전제조건이 필요하다. 아무리 목숨 걸고 노력하고 소원을 빌어봤자 모르는 것을 원할 수는 없으니까.

"부자들의 세계와 가난한 사람들의 세상이 서로 섞이지 못하는 건 바로 이런 이유에서야. 좌우로 나란히 있다면 적당한 시기에 합쳐질 수도 있겠지. 하지만 하늘과 바다가 만나지 못하듯 부자들의 세계와 가난한 사람들의 세계는 영원히 섞이지 않는단다. 만약 부자들의 세계로 옮겨가고 싶다면 우선은 알아가는 것부터 시작해야 해. 가난한 세상에서 가만히 있어서는 부자들 세계의 정보를 절대로 알 수 없어. 자리에서 일어나서 능동적으로 행동하지 않으면 절대로 정보를 얻을 수 없단다."

차가운 바람이 휙 불자 잔디가 살랑살랑 흔들렸다. 그렇게나 높이 떠 있던 태양도 기울어 어느새 밤이 성큼 가까이 다가왔다.

"상당히 오래 얘기했구나. 감기 걸리면 안 되니까 슬슬 가볼까?"

오늘의 배움 ——————————————————————

- 이 세상에는 두 개의 세계가 있다.
- 부자들의 세계와 가난한 사람들의 세계는 위아래로 나누어져 있다.
- 가난한 세계에서는 부자들의 세계로 가는 다리를 놓을 수 없다.

어중간한 부자는
부자가 아니다

여름 끝자락의 어느 저녁 무렵, 에비스 할아버지의 오랜 친구가 주최하는 프라이빗 선상 파티에 참석했다. 차분한 분위기의 친구분은 늘 밝게 웃으시는 에비스 할아버지와 다르게 어딘가 그림자가 드리워진 듯 보이는 고고한 자산가였다.

나의 첫 선상 파티, 시선이 닿는 곳마다 눈부시게 아름답고 호화로워 그야말로 딴 세상에 잘못 들어선 것 같았다. 깜짝 놀란 것은 이 파티 비용을 모두 그 고고한 자산가가 부담했다는 사실이었다. 일면식도 없는 내 몫까지 전부 말이다. 이번에도 2천만 엔은 거뜬히 들었을 거라고 할아버지가 웃는 얼굴로 알려주었다.

"어째서 이렇게 호기롭게 돈을 쓸 수가 있어요? 더구나 저처럼 전혀 알지도 못하는 사람에게까지요?"

물론 나도 내 소중한 사람들에게게라면 돈을 쓰고 싶은 마음이 있다. 하지만 내가 돈을 아무리 많이 벌어도 이 부자 할아버지처럼 돈을 쓸 것 같지는 않았다.

"내게 중요한 사람이 소중하게 생각하는 사람에게 돈을 쓰는 건 우리들에게는 지극히 당연한단다. 오늘 예를 들자면, 아스카는 내가 데리고 왔기 때문에 어떻게든 대접하고 싶은 손님이 되는 거지. 내가 이 친구 입장이어도 마찬가지였을 거야. 아, 그리고 예전에 직접 들은 적이 있어. 이렇게 말했지. 내가 살았었다는 증거를 남기고 싶다고. 자신이 돈을 씀으로써 누군가를 더 웃게 하고 싶은 거겠지. 보상 같은 건 필요 없어. 다만 한 사람의 인생에서 기억에 남는 그 시간 속에 단역으로라도 좋으니 등장할 수 있다면 그걸로 충분하다고 그러더구나. 이 친구는 전용기와 배도 가지고 있고 섬도 소유하고 있지. 가구나 소유물은 모두 최고로 좋은 것뿐인데도 이 할아버지 이상으로 물욕이 없다고 한단다. 믿을 수 없을 정도로."

돈을 씀으로써 내가 살았다는 증거를 남기고 싶다니, 돈을 쓰는 목적이 지금껏 들어본 적이 없는 내용이었다.

"사람이란 어느 정도 돈을 벌면 부처가 된다는 게 나의 생각이야. 나는 이걸 '해탈'이라고 불러. 그전까지는 전투적으로 살아오던 사람이 갑자기 초심으로 돌아간다거나 온화해지거든. 10억 엔이 하나의 기준이야. 그 이하의 돈을 가진 사람들은 남들 보란 듯이 으스대거나 자기 생각만이 옳다고 고집하는 경우가 많거든. 이 단계에 속한 사람 곁에 있으면 에너지만 소모되니까 엮이지 않는 게 최선일 거다. 인터넷이 널리 보급된 요즘 같은 시대에 인생역전의 기회는 곳곳에 널려 있어. 학력이 낮든, 직업이 없든 그런 것과는 상관없이 마음만 먹으면 컴퓨터 하나로도 억대를 벌 수 있지."

할아버지는 와인으로 목을 축이고 다시 말을 이었다.

"그렇게 쉽게 돈을 벌 수 있기 때문에 안타깝지만 착각을 하는 경우도 많아. 젊은 나이에 큰돈을 번 사람들 중에는 속고 있는 게 부끄러워서 숨기고 싶은 건지, 아니면 정말로 자신이 돈에 휘둘린다는 사실조차 깨닫지 못하는 건지 벌거벗은 임금님 같은 사람도 많이 있더구나. 그런 사람 주변에는 사탕발림하는 사람밖에 없어서 결국 도태되어갈 뿐이지. 언제부턴가 그런 사람을 만나면 책의 한 구절이 생각 나. 사라쌍수의 꽃의 빛깔, 성한 자도 반드시 쇠한다는 이치를 드러낸다는 말. 교만한 자도 오래 가지 못하니 단지 봄날 밤의 꿈과 같구나. 사라쌍수는 부처님이 열반에 들 때 옆에 있었던 나무야. 불교에서 말하는 교리를 실천하는 사람들은 대부분 조용하지. 쓸데없는 말은 하지 않아. 앞에 나서서 진두지휘하는 리더 타입은 그렇게 많지 않고, 대부분 키다리 아저씨 같은 위치에 있고 싶어 하지. 감정 조절을 잘하고 타인을 기쁘게 하는 걸 좋아해. 남의 이야기를 잘 듣고 자상하고 기본적으로 타인을 부정하지 않지. 확고한 신념은 있지만 그만큼 타인의 신념도 존중하기 때문에 대립하지 않아. 마치 그런 데 시간을 할애하는 것 자체가 무의미하다고 말하는 것처럼."

그러고 보니 오늘 이 파티의 주최자 할아버지도 차분해보였다. 처음 보는 나에게도 상냥하게 대했다. 그런 온화함이나 독특한 분위기를 온몸으로 느낄 수 있었다.

"돈을 어떻게 버는지를 보면 그 사람의 감각을 알 수 있다. 이건 큰돈을 벌기 전부터 알아둬야 하는 건데, 그렇다고 이것저것 따지라는 의미는 아니야. 인생역전의 기회를 노린다면 초반에 어떻게든 조금이라도 빨리 자금을 만들어야 해. 그리고 그 자금의 흐름을 계속해서 넓혀가는 데 초점을 맞추어야 하고. 사업이나 투자가 아니라 아르바이트로 충당하는 것도 좋지. 돈 못 버는 사람들일수록 이건 이래서 싫다, 저런 일은 하기 싫다는 등 불평을 해. 자기 처지도 생각 못 하고 이것저것 고르려고 하는데 그런 사람은 돈 버는 감각이 전혀 없는 것 같아서 안타까울 따름이지. '내가 원할 때, 원하는 곳에서 좋아하는 일을 하는 삶'이란, 결코 준비단계까지 '좋아하는 일만 한다, 좋아하는 일이외의 것은 아무것도 안 해도 된다'는 뜻이 아니야. 이건 목표와 목적을 혼동해서 생긴 착각일 거야. 준비단계는 준비단계의 역할이 있어. 목적 달성이라는 측면에서 볼 때 필요한 것이라면 묵묵히 해나가야 하겠지. 궁극적으로 이루고 싶은 커다란 목적을 달성하기 위해서라면 하기 싫은가 좋은가는 문제될 것도 없지 않을까?"

원할 때, 원하는 곳에서 좋아하는 일을 하는 것, 그것은 내가 동경하는 삶

그 자체였다. 하지만 그곳에 준비단계가 필요하다는 사실은 지금까지 생각해본 적 없었다. 지금의 나는 아직 이것저것 따질 단계조차도 아니었다. 내 처지를 분별하지 못한다면 평생 돈을 벌지 못 하거나 너무 많은 시간을 들여야 한다는 건 쉽게 상상할 수 있었다.

"돈 버는 감각은 선천적으로 타고나는 건가요?"

"아니."

에비스 할아버지는 고개를 저었다. 반가운 말이었다.

"사실 누구든지, 언제든지 돈 버는 감각을 키울 수 있어. 가장 빠른 방법은 자기 앞에 주어진 일에 대한 자세를 바꿔보는 거야. 지금 내게 맡겨진 일의 생산성과 질을 얼마나 높일 수 있는가, 시급으로 환산했을 때 얼마나 높일 수 있는가, 나의 한계는 어디까지인가, 그 한계를 돌파할 수 있는 방법은 없는가, 이런 고민을 하면서 말이지. 그건 자신이 아르바이트를 하고 있든, 사장이든 간에 크게 다르지 않아. 언젠가 누군가가 어떻게든 해주겠지, 조만간 상황이 바뀌겠지, 이런 생각을 하면서 다른 사람에게 의지해서는 안 돼. 일부러든 무의식적이든 간에 게으름을 피우면 두각을 나타낼 수 없어. 일에 대한 자세를 보면 그 사람이 자기 자신과 어떻게 마주하고 있는지 여실히 드러난단다. 결국 돈을 벌 수 있는 사람이란 자기 자신을 누구보다 잘 알고 있는 사람이거든."

돈 버는 감각을 높이기 위해서는 눈앞의 일에 대한 자세를 바꾸어야 한다.

일에 대한 자세는 곧 자기 자신과 마주하는 자세를 의미한다. 그러고 보니 에비스 할아버지를 비롯해 주변 부자 할아버지들은 모두 자신에게는 물론 주변 사람들에게도 굉장히 진지하고 정중했다. 유감스럽게도 그들이 일하는 모습은 거의 본 적이 없어서 일할 때도 그런지는 알 수 없지만 말이다.

"그리고"라며 에비스 할아버지는 말을 이어갔다.

"돈 버는 방법을 통해 그 사람의 감각을 알 수 있다고 했지? 반대로 돈을 어떻게 쓰는가를 통해서는 그 사람의 품격을 엿볼 수 있어. 예를 들어 저 친구의 취미는 와인이야. 연간 수억 엔을 투자해서 와인을 모으고 있어. 그런 그의 취미 중 또 하나는 경매에서 진귀한 빈티지 와인을 낙찰 받아서 많은 사람들에게 대접하는 거야, 오늘처럼. 아스카도 오늘 와인 몇 잔 마셨지? 자신이 가치 있다고 여기는 것에 투자한 돈으로 모두가 함께 웃을 수 있고 행복을 느낄 때, 돈 쓴 사람들도 만족하게 된단다. 안타깝지만 어중간한 부자로 그쳐서는 이런 식으로 돈을 쓸 수가 없어."

할아버지가 말하는 해탈한 사람들은 달랐다. 많은 사람들이 행복하다면 거기에 쓰이는 돈도 기뻐할 거라는 생각이 들었다.

"요령만 안다면 돈 벌기는 그리 어렵지 않아. 중요한 건 돈을 벌고 난 다음이지."

이렇게 말하며 할아버지는 한 연구 결과를 알려주었다. 캐나다 브리티시 컬럼비아 대학에서 발표한 것으로, 자기 자신을 위해서보다 타인을 위해 돈을 사용할 때 행복도가 더 높아진다는 데이터였다. 그 연구에서 말하는 돈 쓰는 법은 다음과 같다.

물건이 아닌 경험을 사라.

자기 자신이 아닌 타인의 이익을 위해서 돈을 써라.

소수의 큰 기쁨이 아닌 다수의 작은 기쁨을 위해 돈을 써라.

기간을 연장하는 데 돈을 쓰지 마라.

지불을 뒤로 미루지 마라.

구입한 물건이 생활을 어떻게 향상시켰는지 돌아보라.

구입한 물건을 두고두고 비교하지 마라.

타인의 행복에 세심한 주의를 기울여라.

"좋은 차나 비싼 시계를 사고, 여러 여자들을 거느리고, 고급 레스토랑에 가고, 명품에 둘러싸여 여행 삼매경에 빠진 삶. 그런 삶이 행복이라 여기는 사람도 있을 거야. 인간이란 본래 욕심 덩어리니까 한 번쯤은 경험 보는 것도 나쁘지 않지. 큰맘 먹고 그런 세계에 잠겨보는 것도 물론 괜찮아. 하지만 어떤 경우라도 '참된 행복'이 어디에 있는지를 절대로 잊어서는 안 돼. 나 한 사람의 행복을 위해 사용하는 돈은 기껏해야 뻔해. 만약 사람들에게도, 돈에게도 축복받으며 행복하게 살고 싶다면, 나 아닌 타인을 위해 돈을 사용하는 것, 누군가의 기쁨에 초점을 맞추어 돈을 사용하는 것이 어떤 의미인지를 잊어서는 안 된단다."

에비스 할아버지도 그렇고, 내가 만난 부자들이 언제나 행복해 보였던 이유는 그들은 이러한 진리를 경험을 통해 알고 있었기 때문이었다.

오늘의 배움 ───────────────────────────────

· 진정한 부자는 부를 과시하지 않는다.

· 돈을 어떻게 버는가를 통해 그 사람의 감각을 엿볼 수 있다.

· 돈을 어떻게 사용하는가를 통해 그 사람의 품격을 엿볼 수 있다.

5장

부자의 세계가
당신을 기다린다

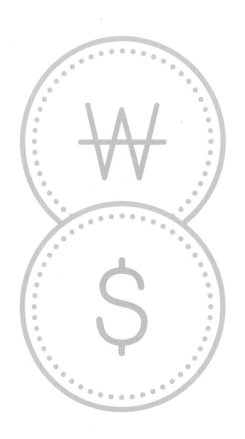

모든 일은
결심에서 시작된다

"모든 것은 결심에서 시작된다. 현실은 결심한 순간부터 움직이는 법이란다."

에비스 할아버지가 입버릇처럼 하는 말이다.

"지금까지 아스카는 어떤 학교에 갈지, 어떤 회사에 들어갈지, 어떤 사람과 만날지를 계속 결정해왔겠지? 그와 똑같단다. 어떤 방식으로 살아가고 싶은가, 돈이 있는 삶과 없는 삶 중에 어느 쪽을 선택할 것인가. 만약 아스카가 부자가 되고 싶다면 가장 먼저 해야 할 건 부자가 되겠다고 결심하는 거야. 그렇게 결심하지 않으면 아무것도 시작되지 않아."

말의 의도는 물론 이해했다. 의식의 방향성을 정하지 않으면 앞으로 나아갈 수 없으니까.

"결심이라 해봤자 미래니까 잘 모르는 일이기도 하고요⋯."

"주저할 필요가 뭐 있니? 안다, 모른다 같은 건 어느 쪽이든 상관없어. 모르면 정할 수 없다는 쓸데없는 자존심은 버리렴. 할 수 있거나 알면 할 거고, 모르면 안 할 거니? 실패가 두렵고 부끄럽다는 이유로 자기가 하고 싶은 걸 참는다? 주객전도라는 생각이 들지 않니?"

나는 습관적으로 이길 가능성이 보일 때만 행동하곤 했다. 이번에도 승리의 기회를 찾아 아직 동정을 살피고 있는 나에게 할아버지가 새로운 관점을 알려주었다.

"성공할지 아닐지는 알 수 없어. 하지만 그 말은 곧 실패할지 아닐지 또한 알 수 없다는 말이 되지. 말하자면 선택지가 둘밖에 없는 거야. 어느 쪽으로 결론이 날지 모른다면 나라면 잘될 거라는 쪽에 걸겠지만. 이왕이면 믿어보고 싶지 않니? 처음부터 실패할 거란 마음가짐으로 도전하는 건 재미없기도 하고. 무엇보다 자기 자신을 너무 얕잡아 보는 것 아닐까? 자기 자신과의 대화에서는 겸손할 필요도 없고 배려할 필요도 전혀 없어. 아스카도 이 할아버지도 그런 걸로 우물쭈물 시간 낭비할 사람들이 아니야."

할아버지는 그렇게 단호하게 말하며 나를 가만히 바라보았다. 나도 모르게 그만 성공하는 사람은 극히 일부라고 말하던 예전의 부정적인 사고방식으로 돌아가려고 했다. 선택지가 둘 뿐인 동전 던지기라고 쳤을 때 확률은 50대 50이다. 이곳에 내가 가진 운이라는 요소를 더한다면 어느 정도 가볍게 도전해볼 수 있을 것 같다는 느낌이 들기 시작했다.

"세상에는 이렇게나 많은 부자들이 있는데 나는 그렇게 될 수 없다고 생각하는 게 사실 더 이상한 게 아닐까? 해보지 않아서 모르고 알 수 없다는 건 당연해. 누구나 처음에는 그렇지. 다만 알기만 하면, 이해하기만 하면 어렵지 않게, 쉽게 할 수 있어. 전에도 말한 적 있지? 부자가 된다는 건 자전거 타기나 구구단 외우기랑 비슷하다고."

에비스 할아버지는 내 어깨에 손을 올리며 자상하게 말했다.

"누구보다 너를 가장 굳게 믿어주고 응원해주는 사람이 바로 네가 되는 게 좋지 않을까? 조금은 무섭고 용기가 나지 않아도 일단 한 걸음 디뎌보는 거야. 그 허들을 극복한 사람만이 자유롭고 풍요로운 세계에서 살아갈 권리를 얻을 수 있어. 그건 마치 노력한 대가로 받는 선물 같은 거지. 하지만 그건 오로지 결심하고 실제로 행동에 옮긴 사람들만이 손에 넣을 수 있는 특권이란다. 아무리 바빠도, 아무리 잘 몰라도, 일단은 도전해보겠다며 결심하고 뛰어들어 보는 거야. 그렇게 하지 않으면 기회조차 찾아오지 않을 테니까."

"결심하고 뛰어들었는데 만약 그 목표에 도달하지 못하면 어떡해요?"

"그래, 이 부분을 착각하는 사람들이 참 많더구나. 결심은 한번 결정하면 절대로 바꾸면 안 되는 것이 아니야. 어디를 목표로 삼을지, 목표지점에 이르기까지 어떤 속도로 갈지는 몇 번이든 자유롭게 설정할 수 있어. 어떻게 될지는 그거야말로 모르는 거니까. 미래의 모습을 백 퍼센트 알 수 있는 사람은 누구도 없어. 그러니 너무 부담 갖지 말고 자신감을 가지고 마음 편히 도전해보면 좋겠구나."

점점 에비스 할아버지가 하는 말의 의미를 이해할 수 있었다. 모르지만 결심하는 게 아니라 모르니까 결심하는 것이다. 결심하면 변명도 사라지고 행동을 시작할 수 있으니까.

　"나도 할 수 있을까, 이렇게 불안해하는 사람들이 많아. 투자를 시작하기 전에는 더 그렇고. 만약 결심했다면 이런 말도 나오지 않을 거야. 이건 갈팡질팡하며 동요하는 단계, 말하자면 아직 완전히 결심이 서지 않은 단계에서 드는 사고지. 직접 해보지도 않고 가능성을 판단할 수는 없어. 할 수 있을지 없을지는 해보지 않으면 모르는 게 당연해. 직접 해보지 않으면 알 수 없는 문제점들도 있고. 그러니 그 문제점들을 발견한 후에 대책을 생각해도 늦지 않아. 해보지도 않고 내가 할 수 있을지 상담하는 것 자체가 시간 낭비이고 나의 우유부단함을 증명하는 셈이 되겠지. 그리고 답을 알 수 없는 질문으로 상대방의 귀한 시간을 빼앗고 있다는 것도 모른 채 자기 생각만 하는 건 실례가 될 거야. 결심의 기준은 할 수 있는지의 여부가 아니야. 할 것인가 말 것인가, 그뿐이야."

　"결심하기만 하면 정말로 뜻대로 되나요?"

　"음, 그런 사고방식은 위험해. 정말로 원하는 것을 얻을 수 있는가? 정말로 얻을 수 있는지 확신이 서지 않으면 행동하지 않겠다, 이런 말은 마치 타인에게 모든 걸 맡기고 누군가가 대신 그렇게 만들어줄 거라고 기대하는 것처럼 들리거든. 모든 건 오로지 자기하기 나름이란다. 아스카가 말한 대로 결심하기만 하고 아무것도 하지 않는다면 당연히 희망은 이루어지지 않아."

나는 할아버지의 말을 곱씹어보았다. 할아버지는 결심하면 이루어진다고는 말하지 않았다. 결심함으로써 드디어 출발선에 선 것이라는 사실을 계속해서 강조했다.

"부자가 되어 무엇을 얻을 것인지 또한 자기 스스로 결정하는 거야. 사람마다 얻고 싶은 건 제각기 다르니까. 돈이 생기면 무엇을 하고 싶은지, 부자가 되어 어떤 걸 이루고 싶은지, 그게 완전히 똑같은 사람은 이 세상에 단 한 명도 존재하지 않아.

부자가 되겠다고 결심한다.
부자가 되어 무엇을 얻을지 결정한다.

부자로 가는 여정은 오로지 결심하고 행동하기의 반복이란다."

결심하고 행동하기. 이건 언뜻 단순하게 보이지만 이를 계속 반복하기 위해서는 엄청난 끈기가 필요할 것 같았다. 누군가 방해하면 금세 포기할 것 같다고 말하자, 이제 와서 무슨 그런 말을 하냐는 듯이 에비스 할아버지가 말했다.

"돈에 대해 말하는 걸 꺼리는 이 나라에서 부자가 되겠다고 결심한 것만 봐도 이미 아스카는 자신이 남들과 다르다는 생각이 들었겠지? 다행히 사람들은 우리가 걱정하는 것만큼 다른 사람에게 관심이 없어. 더구나 부자는 다른 사람에게 아예 관심이 없고. 성장하지 못하고 매번 같은 자리에서 뱅글뱅

글 돌고 있는 사람한테 할애할 만큼의 여유는 없으니까."

돌이켜보면 할아버지는 종종 결론만을 요구했다. 한다, 하지 않는다, 간다, 가지 않는다는 식으로. 일상생활의 사소한 것에서부터 인생과 관련된 중요한 부분에 이르기까지, 성공한 사람들은 간결하게 결과만 말하는 걸 선호하는 경향이 있는 건지도 모른다.

"어차피 사람들이 타인에게 그다지 관심 없다면 누구 눈치 보지 말고 자유롭게 하고 싶은 걸 하는 게 좋지 않겠니? 돈을 많이 벌고 싶다는 생각을 하지 않으면 많이 벌 수 없어. 부자로 살려고 하지 않는 사람이 부자가 된다는 건 있을 수 없지. 아스카가 결심하지 않는 한, 아스카의 인생은 영원히 움직이지 않을 거다."

부자가 되기 위해서는 무엇보다 부자가 되겠다고 결심해야 했다. 그리고 나를 부자로 만드는 것은 다른 누구도 아닌 나 자신이었다.

오늘의 배움

- 누구보다 내가 나 자신을 믿어야 한다.
- 목표 지점과 그곳으로 가는 속도는 언제든지 바꿀 수 있다.
- 부자로 가는 길은 '결심하고 행동하기'의 반복이다.

구체적으로 꿈꿀수록
꿈은 현실이 된다

"아스카는 지금 어떤 걸 하고 싶니? 요즘 뭔가 새롭게 하고 싶은 게 있니?"

할아버지는 만날 때마다 내가 이루고 싶은 것에 대해 물어보았다.

"왜 항상 그런 질문을 하세요?"

"자꾸 말을 하다 보면 꿈이 이루어지니까."

"어떻게요?"

"이건 자기 선언이라는 심리학 기법인데, 자신의 입으로 소리 내어 말하면 다시 귀로 들어와 무의식에 도달해서 꿈이 더 잘 이루어진다고 해. 보통 우리가 사고할 때 사용하는 현재의식은 고작해야 5%이고, 나머지 95%는 사고의 틀 너머에서 작동하는 잠재의식이야. 이 잠재의식이 무의식이라 불리는 건데 만약 이 무의식에 자신의 소망이 깊게 새겨진다면 꿈이나 이상이 훨씬 더 잘 이루어지게 되지. 그러니 이게 하고 싶다거나 저게 하고 싶다거나 하는 꿈이 생기면 자꾸 사람들 앞에서 말을 하는 게 좋겠지? 그렇게 입으로 말할 때마다 꿈은 더 잘 이루어지게 될 테니까."

꿈을 소리 내어 말하면 잠재의식에 도달하고 자기 스스로 자신의 꿈을 명확하게 인식하게 된다. 그뿐만 아니라 다른 사람에게도 말을 해버렸으니 거두어들일 수 없게 된다. 소리 내어 말함으로써 얻게 되는 효과는 그것 말고도 많을 것 같았다. 말하기만 하면 이루어진다니, 너무 손쉬운 방법처럼 느껴졌다.

"다만 여기서 주의해야 할 게 있어. 만약 그 꿈이 애매한 상태라면 아무리 소리 내어 말해봤자 영원히 이루어지지 않는다는 점이야. 어중간한 사람이 어중간한 마음으로 소리 내어 말해봤자 얻을 수 있는 건 어중간한 결과밖에 없어."

나의 생각을 간파한 것처럼 할아버지가 말했다.

"단어의 정의는 사람마다 다르단다. 행복이나 풍요로움, 부자라는 단어만 봐도 그 개념이나 정의는 사람의 수만큼 다를 거야. 따라서 그냥 행복해지고 싶다고만 한다면, 자신에게 어떤 게 행복인지 정확하게 알지 못하는 한 아무리 그 꿈을 이루어주고 싶어도 이루어줄 방법이 없어. 신이라 할지라도."

할아버지는 "게다가"라며 말을 이었다.

"가령 운 좋게 꿈이 이루어졌다고 해도, 내가 생각하는 행복이 무엇인지 모른다면 나를 찾아온 그 행복을 알아보지도 못한 채 지나가버릴 거야. 모처럼 꿈이 이루어졌는데도 그걸 알아주지 못한다면 그건 꿈이 이루어지지 않은 것과 똑같겠지? 그건 너무나도 안타까운 상황이 아닐까?"

행복해지고 싶다고 말은 하면서도 정작 행복이 찾아왔을 때 그것이 행복인지 알아보지 못한다면 그건 이루어지지 않은 것이나 마찬가지 아닌가. 그런 상황에 빠지고 싶지 않았다.

"나에게 행복이란 무엇인가, 어떤 상태이고 어떤 걸 할 수 있을 때 행복하다고 느끼는가. 그런 것들을 계속해서 구체적으로 생각하면서 아주 세밀하게 정해둘 필요가 있어. 추상적인 개념을 자기 안에 선명하게 그림 그려두라는 거지. 그 행복 중에는 돈이 필요한 것이 있을 것이고 그렇지 않은 것도 있을 거다. 그걸로 충분해. 행복한 기분에는 우열이 없으니까."

"행복에 우열이 없다는 말, 멋진 표현이에요. 폭신폭신한 이불에 쏙 들어가서 자거나 금방 내린 향기로운 커피를 마실 때 전 행복을 느껴요. 생각해보면 그렇게 돈이 들지 않는 행복도 진짜 많이 있을 것 같아요."

할아버지는 "아스카는 작은 것에도 행복을 느끼니까"라며 미소 지었다. 그리고 조금 안타깝다는 듯 이렇게 말을 이어갔다.

"행복에 우열이 없다고는 하지만 자기 마음대로 한계를 그어 버리는 사람들이 세상에는 참 많단다. 이런 걸 바라서는 안 된다, 아무리 소원해봤자 이루어질 리가 없다고 하면서 행복의 한계를 스스로 정해버리는 거야. 하고 싶은 것이 무엇인지 물어도 대답하지 않아. 모른다면서 고민하다 멈추어버려. 어른이 된 후에 꿈이란 걸 생각하면 돈이 장애가 되어서 사고가 멈춰버릴 때가 많아. 성실한 사람일수록 이런 경향이 더 많더구나. 어릴 때는 그렇게나 자유롭게 꿈꾸었는데. 사회라는 건 때론 참 잔인한 것 같아."

어른이 된다는 건 현실 세상에서 돈을 사용해 하루하루를 살아간다는 것이다. 꿈을 꾸는 데도 돈을 의식하지 않을 수 없는 현실이 어쩔 수 없다는 생각이 들었다.

"틀을 없애는 방법은 없나요?"

"일단 돈이라는 개념을 버려보면 어떨까? 예를 들어 10억 엔이 있다면 무엇을 하고 싶은지 생각해보는 거야."

"10억 엔이면 뭐든 할 수 있을 것 같아요."

그렇게 말하며 웃는 나에게 할아버지는 "그런 느낌이 중요하지"라며 빙긋 웃었다.

"10억 엔은 상당히 큰 금액이니까 그걸로 이루고 싶은 것, 이룰 수 있는 걸 생각나는 대로 차례차례 써보는 건 어떨까? 베벌리힐스에 있는 할리우드 스타들 집만큼 호화로운 저택을 짓기에는 물론 부족하겠지만, 많은 사람들이 원하는 대부분의 꿈을 이룰 수 있는 금액일 거야. 아, 그리고 타인의 시선은 신경 쓰지 말고 자기 마음의 목소리에만 귀를 기울여 쓰는 게 좋겠구나."

남 보여주기 식이거나 남들이 어떻게 볼까를 생각하지 않고 자신이 원하는 것을 쓴다? 의식하지 않으면 이상한 방향으로 흘러갈 수 있다는 의미일 것이다. 할아버지는 조금 더 자세히 알려주었다.

"대충 적었다면 이번에는 항목들마다 가격을 적어보렴. 이때 포인트는 일반적으로 예상되는 금액 외에 최소금액도 함께 적어보는 거지. 예를 들어 포르셰를 타고 싶다는 꿈이 있다면, 그게 어떤 모델이 좋다는 건지, 새 차를 사고 싶다는 건지, 아니면 중고여도 상관없다는 건지를 구체적으로 생각해야 해. 그렇게 구분하는 것만으로도 수천만 엔이 바뀔 거야. 가령 그 차를 소유하고 싶은 게 아니고 순수하게 타보고 싶은 마음뿐이라면, 요즘은 자동차 렌트나 카셰어링도 할 수 있으니까 몇 만 엔으로도 손쉽게 빌릴 수 있을 거야. 그리고 시승해보는 거라면 나처럼 그 차를 가진 사람에게 한번 태워달라고 하는 방법도 있겠지? 그렇게 하면 돈 들이지 않고 탈 수도 있어. 포르셰를 탄다는 꿈이 공짜로 이루어진다는 뜻이 되겠지? 이처럼 나에게는 손이 닿지 않는 꿈이라고 굳게 믿던 것들도 구체적으로 적어보면 실제로는 지금 당장이라도 이룰 수 있는 게 생각보다 많다는 걸 알 수 있을 거야."

꿈의 포르셰를 마음대로 탈 수 있다니! 눈이 번쩍 뜨이는 기분이었다. 그렇다. 지금까지 내가 모르고 있었을 뿐 돈이 없어도 꿈을 이룰 수 있는 방법은 정말 많이 있었다.

"이런 작업을 반복해가다 보면 자신이 진정으로 원하는 것이 무엇인지, 그리고 그것을 이루기 위해 필요한 금액이 얼마인지가 명확해질 거야. 아까 그 포르셰처럼 돈이 없어도 이룰 수 있는 것들이 의외로 많거든. 첫 단계에서는 아마 10억 엔 넘게 필요한 사람은 거의 없을 거다. 우선 첫 단계에서 합계한 금액을 버는 것부터 시작하겠다고 설정하면 어떨까? 여기까지 결정하고 사람들 앞에서 꿈을 선언한다면 꿈은 정말로 순식간에 술술 이룰 수 있을 거란다."

"만약 꿈이 전부 이루어져버리면 어떡해요?"

나는 두근거리는 심장을 억누르지 못하고 물어보았다.

"전부 이루어지면 어떻게 하냐고? 좋은 질문이구나. 괜찮아, 걱정하지 않아도 돼. 돈을 벌면 벌고 난 후에만 볼 수 있는 풍경이 있거든. 그때는 분명 또 새로운 꿈이 생길 거란다. 꿈은 항상 충전되니까."

ⓦⓢ

오늘의 배움 ——————————————————————————————

· 꿈을 소리 내어 말하면 더 쉽게 이룰 수 있다.

· '10억 엔이 있다면 무엇을 하고 싶은가'를 생각하면 부자의 꿈에 다가갈 수 있다.

· 돈이 없어도 이룰 수 있는 꿈은 의외로 많다.

돈만 있는 삶은 외롭다

"아스카, 돈이 많으면 행복할 것 같지 않니?"

예상하지 못한 질문에 당황했다. 평소 할아버지가 말하던 내용과 반대되는 질문이기 때문이었다.

"할아버지는 평소 돈이 있어서 행복한 게 아니고, 돈은 어디까지나 선택지를 늘리는 수단이라고 저한테 가르쳐주셨잖아요. 돈이 없어도 이룰 수 있는 행복은 얼마든지 있다고요."

"아, 내 뜻을 이해하고 있었구나"라며 에비스 할아버지는 기쁜 듯이 안도의 웃음을 보였다.

"오늘은 그 다음 이야기를 하자꾸나. '돈이 있다면 행복할까'에서 조금 더 깊이 들어갈 때가 되었구나."

"그 다음이요?"

"그래, 돈이 없어도 이룰 수 있는 행복은 얼마든지 있어. 경제 상태와 상관없이 지금 이 순간부터라도 당장 행복해지고 싶다면 행복해질 수도 있어. 돈만이 인생의 목적인 삶은 허무할 뿐이야. 돈이 있다고 무조건 행복한 건 분명 아니지만, 아스카가 말한 대로 돈이 있으면 할 수 있는 것들이 늘어나. 자본주의사회에서 인생의 선택지를 늘리는 수단으로서 가장 효과적인 건 역시 돈이니까. 이 할아버지도 돈이 있어 참 다행이고, 돈 덕분에 이렇게 편하게 살 수 있단 생각에 매일 감사히 여기고 있단다. 그리고 전 세계적인 경제 공황이 닥쳤을 때 느꼈던 건데, 돈이 방어 수단도 된다는 거였어. 불행을 피할 수 있다는 점 또한 돈의 중요한 역할이지. 나 자신은 물론 나의 소중한 사람들을 지킬 수 있는 수단이 되는 거야."

경제 상황과 상관없이 지금 당장이라도 행복해질 수 있다. 이건 행복에는 우열이 없다는 가르침과 통하는 것 같았다. 또한 돈은 선택지를 늘려주는 존재다. 이렇게 돈의 특징을 알게 될 때마다 감사하는 마음이 점점 더 커졌다.

"행복해지는 돈 사용법, 기억나니?"

"나를 위해서보다 다른 사람을 위해서 돈을 사용할 때 행복도가 더 높다는 거요?"

"돈을 하나의 수단으로 올바르게 사용하면 이런 순환이 일어난단다. 이 순환은 자기가 돈을 사용할수록 점점 더 커져서, 더 큰 행복을 누릴 수 있게 하지. 긍정적인 나선형 순환을 그리는 거란다."

돈을 쓸수록 행복이 더 크게 순환한다니, 이 얼마나 멋진 세상일까.

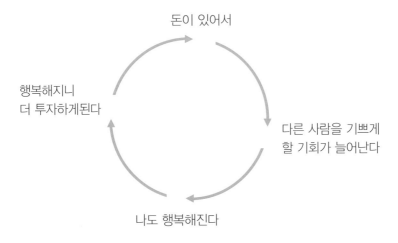

돈이 있어서

다른 사람을 기쁘게
할 기회가 늘어난다

나도 행복해진다

행복해지니
더 투자하게된다

원이 커지는 모습을 상상하며 행복에 잠긴 나를 보며 에비스 할아버지는 다음과 같은 질문을 던졌다.

"그럼 반대로 불행해지는 돈 사용법이 뭔지 알겠니?"

"자신만을 위해 돈을 사용하는 거요?"

"질문을 바꿔볼까? 사용법이라기보다 취급법이라고 해야 맞겠구나."

"불행해지는 취급법이요? 사실은 쓰고 싶지 않았지만 써버린다든가, 감사하는 마음이 없는 걸까요?"

할아버지는 고개를 끄덕이다 설명하기 시작했다.

"좋은 관점이구나. 불행해지는 돈 사용법은 바로 저축이란다. 다시 말해, 돈만 있는 삶을 사는 사람들을 말하는 거야. 그건 결국 돈을 수집하는 행위나 다름없어. 돈을 수집하는 데에만 그저 목숨 걸고 매진하다가, 돈을 잔뜩 모으고 난 뒤에는 그 돈이 줄어드는 게 싫어서 안으로, 안으로 꽁꽁 숨겨 두는 거야. 돈을 바라보고 있을 때가 가장 행복하고 돈이 수중에 있어야 안심하겠지. 그게 자신에게 있어 진정한 행복이라면 상관없지만 그렇게 모으기만 해서는 순환이 전혀 생기지 않는단다. 순환이 일어나지 않는다면 행복을 느낄 수 있는 건 오로지 자기 혼자뿐이라는 의미가 돼. 그래서 아무리 돈을 많이 모아도 확대되지 않는 거야. 계속 자기 자신에게만 머물러있는 거지. 마치 방구석에 혼자 숨어 있는 것처럼. 과연 그걸 행복이라고는 말할 수 있을까?"

엄청 외롭고 어두운 광경이 떠올랐다. 행복해지는 돈 사용법의 나선형 순환을 상상했을 때와는 크게 달랐다.

"그저 돈만 있는 삶에 빠지기 쉬운 사람은 저축이나 절약을 좋아하는 사람들이야. 부자는 나쁘다는 이미지를 가진 사람이 많은 것도 아마 돈에 대한 집착이 강한 사람들에 대한 인상이 강하게 남았기 때문일 거야. 절약은 가난의 근원이란 말 기억하니? 절약은 마음의 윤택함을 빼앗아 가. 통장의 숫자가 늘어나는 건 즐거운 일이야. 하지만 그 숫자가 늘어날 때마다 자신의 생활이, 마음이, 그리고 자신의 주변이 풍요로워지는 건 아니야. 돈이 있기만 해서는 아무런 의미가 없어."

에비스 할아버지는 말을 이어갔다.

"자신이 좋아하는 게 아니라 금전적으로 이득인 걸 선택하는 것, 이게 바로 저축을 좋아하고 절약을 좋아하는 사람들의 기본적인 사고회로란다. 가성비라는 단어를 유난히 좋아하는 사람들이 많아. 가성비는 비용 대비 효과야. 이 효과를 금전적으로 얼마나 남길 수 있는가에만 한정 짓는 건 가난한 사람들의 전형이라고 할 수 있지."

"눈에 보이는 것 이외의 효과도 있나요?"

"물론이지. 돈을 써서 얻을 수 있는 효과는 눈으로 보이는 것이 다가 아니야. 아스카도 다 느껴봤을 거야. 분위기, 아늑함, 만족감 등이 있지. 돈을 써서 얻고 싶은 효과를 뭔가로 한정 짓지 않는 게 더 건전하고, 그럴 때 더 많은 걸 느낄 수 있을 거야. 돈이란 돌고 도는 것이라서 지금 쓴 돈이 당장 다음 순간에 직접적으로, 그것도 금전의 형태로 돌아오는 건 사실 그렇게 많지 않을 거야. 그럼에도 다시 내 앞에 나타났다면 그때는 절약이나 저금을 하려고 떼어 둔 돈과는 비교할 수 없을 정도로 크게 커져서 나타날 거야."

가성비를 따지는 사람들은 아무래도 눈에 보이는 이익만을 추구하게 된다. 하지만 생각해보면 에비스 할아버지의 말대로 돈을 조금이라도 남기려고 애썼을 때보다 기분 좋게 썼을 때 얻게 되는 긍정적인 효과가 훨씬 더 크다. 이는 여러 경험을 통해 충분히 알고 있었다. 예전에 절약이 가난의 근원이라는 가르침을 배울 때보다 오늘의 내용이 더 쉽게 납득이 갔다.

"돈이란 허리띠를 졸라매면 졸라맬수록 더 멀어져. 그건 눈앞의 것밖에 생각하지 못하는 특성 때문에 그래. 시야가 너무 좁은 거지. 눈앞의 일, 자기 자신밖에 생각하지 않는 사람에게 사람들은 모여들지 않아. 하지만 이 말을 오해하면 안 돼. 매일 사치를 부리라는 말은 결코 아니야. 내가 하고 싶은 말은 뭔가를 고를 때 금전적으로 이득인가로 판단하지 말고 자신의 취향을 기준으로 고르는 게 중요하다는 거야. 그런 식으로 돈을 사용하다보면 풍요로워지는 삶을 느낄 수 있을 거다."

내 취향을 존중하는 것만으로 나 자신은 물론 주변 사람들까지 풍요로워 진다니 이건 너무나 이상적인 돈 사용법이 아닐까.

"부자가 된다는 건, 그저 돈에 눈이 멀어 돈을 좇는 것과는 크게 달라. 그 보다 훨씬 더 의의 있고 고상한 거야. 아스카 한 명이 부자가 됨으로써 자신은 물론 가족이나 소중한 사람들도 함께 행복해질 기회가 점점 더 늘어나기 때문 이지. 먼저 자기 자신을 채우고, 타인을 채우고, 그 범위를 점점 더 확대해가 는 거야. 일단 자기 자신이 하나의 시작점이 되어 원을 그려 놓으면 그 원은 마치 물 위에 파문이 일듯 점점 더 퍼져 나갈 거야. 그 첫 걸음이 바로 네가 부 자가 되는 거야. 자신을 통해 주변 사람들이, 그리고 이 세상이 사랑과 행복으 로 채워져간다면 정말 따뜻하고 기분 좋을 것 같지 않니?"

오늘의 배움 ———————————————————

• 돈에 대한 집착은 돈만 있는 불행한 부자를 만든다.
• 자신의 취향을 존중함으로써 나 자신은 물론 주변까지 풍요로워진다.
• 풍요로움, 행복은 물 위에 물결이 퍼지듯 확대되어 간다.

행복한 부자가 되기 위한
세 가지 조건

"이 세상에는 행복한 부자와 불행한 부자가 있단다. 전자는 행복을 채워나가고, 후자는 얼마 후에 몰락하지. 이왕이면 행복한 부자이고 싶겠지?"

나는 고개를 크게 끄덕였다. 두 선택지 중 당연히 행복한 부자가 되고 싶었다.

"단지 돈을 벌기만 해서는 안 돼. 행복한 부자가 되기 위한 세 가지 요소에는 돈, 시간, 친구가 있단다. 아무리 돈을 벌어봤자 쓸 시간이 없다면 의미가 없겠지? 돈과 시간은 있지만 같이 쓸 수 있는 사람이 없다면 재미없을 테고. 원래 돈이라는 게 혼자서는 그렇게까지 필요 없기도 하지. 유익하게 쓸 수 없다면 그건 있어도 그만, 없어도 그만일 거야. 쓸 수 없는 돈은 죽은 돈이라고 말했지? 그러니 돈, 시간, 친구. 이 세 가지 요소 중 어느 하나라도 없다면 행복한 부자는 될 수 없어. 특히 시간과 친구가 없다면 돈이 무슨 소용이겠니?

모처럼 돈을 벌었는데 '뭘 위해 이렇게 돈을 벌었나, 허무한 인생이다'. 이렇게 후회하고 싶지는 않으니까."

고독사라는 단어가 머리에 떠올랐다. 많은 돈에 둘러싸여 혼자서 죽음을 맞이하는 인생. 그런 마지막을 맞고 싶지는 않았다.

"돈이 있다고 행복해지는 건 아니야. 돈이 있다고 일이 즐거워지는 것도, 인간관계가 잘 풀리는 것도 아니고. 돈을 가지기 전에도, 가진 이후에도 오해해서는 안 되는 것 중 하나가 바로 이거야. 돈으로 모든 문제를 해결할 수 있다고 착각하면 안 된다는 것이지. 몇 번이나 반복했을 거야. 모든 건 돈 때문이라고 돈 핑계를 대봤자 근본적인 문제는 아무것도 해결되지 않아. 돈으로 할 수 있는 건 지극히 한정되어 있어. 돈이 있다고 해서 죽지 않는 것도 아니고 병에 걸리지 않는 것도 아니야. 어떤 사람도 정해진 수명에는 저항할 수 없어. 죽음만큼 백 퍼센트 확정된 미래는 없을 거다. 돈은 어디까지나 문제를 해결하기 위한 수단 그 이상도 이하도 아니란다."

할아버지는 단숨에 말하고 물을 한 모금 머금었다.

"아스카는 부자가 되면 어떤 하루를 보내고 싶니?"

"좋아하는 사람들과 웃으면서 살래요. 돈만 많은 외톨이 부자보단 차라리 좋아하는 사람들하고 즐겁게 교류하며 검소하고 행복하게 사는 사람이 더 풍요롭다고 생각해요. 물론 돈까지 있다면 최고겠죠. 예전에는 무엇보다 돈이 중요하다고 생각했는데 요즘에는 우선순위가 바뀐 것 같아요. 채우고 싶은 게 먼저고, 뭔가를 채우는 수단이 바로 돈이라고요."

내 입에서 이런 말이 나오다니. 나도 깜짝 놀랐다. 그렇게나 부자가 되고 싶어 했는데 어느새 돈보다 더 소중한 게 있다는 사실을 깨달았다. 할아버지는 놀란 나를 바라보며 미소를 지었다.

"그렇지, 인맥은 보물이지. 사람과의 관계는 재산이고. 돈을 좇는 바람에 시간이나 친구, 주변 사람들을 소홀히 하다가 주변 사람들이 모두 떠나가버린 사람들도 많아. 부자들 중에 돈 말고 아무것도 없는 사람들도 의외로 많거든. 돈을 버는 데 치중한 나머지 돈 이외의 것들을 의식하지 못한 거야. 돈 벌기 전부터 알고 지낸 친구라면 돈을 번 이후에도 변함없이 소중한 존재일 거다. 돈이 있든 없든 친구로 있어준 사람이니까. 간혹 돈을 벌고 난 후에 만난 사람을 경계하며, '이 사람은 내가 돈이 있으니까 나와 친해지려고 하는 건 아닐까?'라고 의심하는 불행한 부자들도 있어. 그건 참으로 무례한 생각이 되겠지. 이렇게 의심하기 시작하면 모든 게 의심스럽고 무서워진단다. 그리고 그 마음은 상대방에게도 고스란히 전해져. 그래서 인간관계가 눈이 핑핑 돌 정도로 빠르게 변하는 부자들은 항상 고독하단다. 다른 사람을 신용하지 못하니까."

"다른 사람을 믿지 못하다니, 연인 사이에서도 문제일 것 같아요."

"맞아. 연인 사이에서도 불행한 부자는 일을 어렵게 만들지. 자신의 매력과 돈을 하나로 묶어버리거든. 돈이 없으면 상대방이 떠나지 않을까 하면서 항상 불안에 떨고. 상대방의 마음을 정면으로 바라보려고 하지 않고 있는 그대로 받아들이지도 못해. 그건 서로에게 도움이 되지 않을 거야."

공감하고 소중히 아끼는 사람이 있고 그 사람들과 시간을 함께 보낼 수 있다는 건 행복한 일이다. 반대로 상대의 호의나 사랑을 믿지 못하고 자신의 껍데기에 갇혀 있는 고독한 부자는 슬플 따름이다. 돈만 있는 삶이 되어서는 안 된다는 말은 그야말로 본질을 꿰뚫는 말이었다.

"돈, 시간, 친구 중에서 가장 쉽게 얻을 수 있는 게 돈이야. 좋아하는 사람들이 곁에 있으니 이미 행복한 부자의 요건을 충족한 거야. 소중한 사람이 있으면, 그 다음으로 해야 할 일은 돈을 벌기만 하면 되는 거겠지? 알다시피 돈 버는 수단은 정말 많아. 그리고 만약 아스카도 나처럼 투자에 매진하면 쓸 수 있는 시간은 더욱 늘어날 거야. 돈이 많아질수록 시간의 여유도 생기니까."

"돈이 가장 간단하다, 정말 그렇네요. 돈을 벌기만 하면 되는 거네요!"

"그래, 돈 버는 건 어렵지 않아. 그러니 얼른 돈을 벌자꾸나. 세 요소를 알게 된 지금, 앞으로 해야 할 건 지금까지 배운 내용을 활용해서 하루라도 빨리 행복한 부자가 되는 거야. 이 세 요소가 갖춰졌을 때 비로소 돈은 본래의, 아니 그 이상의 실력을 발휘하게 해주거든. 꿈이 이루어지는 그 날을 기대하며 함께 힘내보자꾸나."

오늘의 배움 ─────────────────────

· 이 세상에는 행복한 부자와 불행한 부자가 있다.
· 행복한 부자에게 필요한 세 가지 요소는 돈, 시간, 친구이다.
· 세 요소 중 가장 손쉽게 공략할 수 있는 건 바로 돈이다.

돈을 내 편으로 만들어
이상적인 인생을 사는 법

1억 엔.

이건 투자를 시작하기 전의 나로서는 상상도 할 수 없는 거금이었다. 어떻게 하면 벌 수 있는지 짐작조차 하지 못했다. 억만장자는 나와는 다른 생명체이고, 특별한 어떤 비법으로 돈을 벌었을 것이라고만 생각했다. 하지만 지금은 다르다.

1억 엔.

이 금액은 누구나 당연히 손에 넣을 수 있는 돈이다. 이 돈을 버는 데 재능 따위는 전혀 상관이 없고 비결 같은 것도 없으며 그저 단순하게 할지 말지뿐이다. 하지 않겠다는 사람이 훨씬 많기 때문에 행동으로 옮기기만 하면 결과는 자동으로 따라오는 간단한 게임이다.

"1억 엔을 손에 넣기 위해 아스카는 어떤 걸 할래?"

"얼마를 시작으로 몇 년 정도요?"

"1백만 엔을 가지고 있고, 기간은 10년이라고 칠까?"

"그럼 사업이랑 투자 둘 다 해볼까요? 한쪽만 하는 것보단 둘 다 하는 게 훨씬 효율적일 것 같아서요. 게다가 투자만 하면 시간도 남아돌 테니까요. 어차피 10년이나 걸리지도 않을 것 같아요. 1백만 엔부터 시작하면 1억 엔 정도는 5년이면 충분하지 않을까요?"

어느새 할아버지와 이런 대화를 나누는 사이가 되었다. 내가 돈을 벌기 시작했기 때문이다. 무엇을 하든 돈을 벌 수 있다는 사실을 알게 된 이후 행동으로 옮기면 옮길수록 돈이 들어왔다.

"돈 버는 방법에 정답은 없어. 하나로만 정해진 것은 아니야. 어떤 행동을 함으로써 결과적으로 돈이 불어났다면 그건 모두 정답이 되겠지. 비즈니스도 괜찮고 투자도 괜찮아. 어리석은 한탕주의라고 악명 높은 복권일지라도 그걸로 돈을 벌었다면 그 사람의 삶에 있어서는 그게 정답인 거지. 물론 그런 도박보다는 정당하게 투자를 하는 편이 훨씬 빠르고 높은 확률로 돈을 불릴 수 있지만."

할아버지는 한마디 덧붙였다.

"돈 버는 방법 같은 건 뭐든 상관없어. 버는 방법을 한정 짓지 않는 건 돈을 벌 때 중요한 한 가지 포인트야. 사람마다 적성도 다르고 잘하고 못하는 게 다 제 각기니까 돈 버는 방법도 자신의 라이프스타일이나 성격에 맞춰 자유롭게 정하면 된단다."

난 아침 일찍 일어나는 게 어렵고 번잡한 사무작업을 싫어한다. 가능한 한 손이 많이 안 갔으면 좋겠다. 이런 귀찮은 것들을 싫어하는 내가 최종적으로 선택한 것은 중장기 금융투자였다. 빈둥거리다가 한 달에 한 번 계좌를 체크하기만 하면 되는 느슨한 운용이지만 투자할 곳을 잘 고른 덕분에 자산은 순조롭게 늘어갔다.

할아버지에게 구체적인 방법을 배운 적은 없었다. 할아버지가 언급하는 건 고작해야 투자 상품에는 어떤 종류가 있고 돈 버는 장르에는 어떤 것들이 있는가 정도까지였다. 무엇을 사라든가 무엇을 팔라든가 알려준 적도, 귀가 솔깃해질 투자 정보를 알려준 적도 없었다.

딱 한 번, 호기심을 억누르지 못하고 물어본 적은 있다.

"할아버지는 구체적으로 무엇으로 어떻게 돈을 버세요?"

할아버지는 나를 정면으로 바라보다가 대답했다.

"그걸 들어서 뭐 하려고?"

그리고 계속해서 말했다.

"아스카는 그걸 알면 이 할아버지만큼 돈을 벌 수 있을 거라고 생각하니? 잘 생각해보면 알지 않을까? 그런 일은 있을 수 없다는 걸. 왜냐하면 아스카와 나는 가지고 있는 게 전혀 다르잖니. 이렇게 돈 버는 걸 방법론으로 접근하는 사람들은 대부분 돈에 잠식돼버려. 그동안 제대로 마주하지도 않던 사람이 갑자기 태도를 바꿔서 구질구질하게 매달리니까 돈에게도 미움받을 테고. 돈을 어떻게 다루는가는 부자로 살아가는 데 있어 매우 중요한 부분이야. 그렇기 때문에 서두르지 말고 단계별로 차근차근 해나가야 해. 그리고 첫 단계에서는 진지하게 돈과 마주하는 걸 배워야 하고. 그렇지 않으면 순식간에 돈에 잠식돼버릴 수 있어."

돈 버는 방법도 투자하는 방법도 무한하다. 하지만 어떤 방법을 알았다 하더라도 사용하는 쪽이 그 방법을 소화할 만큼의 능력이 없다면 그 방법은 결국 녹슨 잡동사니에 불과할 것이다.

"진심으로 돈을 벌 마음이 있다면 먼저 자신의 몸가짐을 바로 해야 한다. 많은 사람들이 투자로 성공하지 못하는 이유는 그러한 부분을 무시한 채 바로 잔재주인 테크닉에만 매달렸기 때문이야. 무엇을 해도 잘되지 않는다는 건, 남들이 돈 벌었다는 수법에만 눈이 멀어 겉핥기식으로 남을 쫓아다녔다는 의미일 거다. 서두르면 일을 그르친단다. 돈을 버는 것은 확실히 간단하지만 토대가 흔들거리는 상태라면 절대로 부자가 될 수 없어."

돈을 잘 활용하는 것도 못하는 것도 모두 자기 하기 나름이었다. 포인트는 자신이 어떤 태도로 삶에 임하는가였다. 자신의 몸가짐이 바르지 않은 상태에서는 부자가 될 수 없었다. 나는 이렇게 나의 어리석음과 생각 없음을 반성한 이후 할아버지에게 구체적인 방법에 대해서는 따로 묻지 않았다.

"부자라는 건 말이다. 참으로 즐겁고 기분 좋은 삶의 방식이야. 다만 항상 자기 자신과 대화할 필요가 있어. 무엇을 느끼고 어떤 생각을 하고 있는지, 자신의 내면과 철저하고 정직하게 마주해야만 한단다. 좋아하는 것과 싫어하는 것, 자신의 희로애락, 유쾌함과 불쾌함, 자신이 꿈꾸는 이상적인 모습, 그런 걸 알아가야 한다는 거지. 자신의 사고와 감정을 하나씩 읽어나가야 해. 그렇게 자신의 감정과 정면으로 마주한다는 건 때로는 참 괴로운 작업이 될 수도 있을 거야. 하지만 부자가 되겠다고 결심했다면 결코 포기해서는 안 돼. 아스카는 앞으로 10억 엔을 목표로 삼겠지? 이 정도면 됐다며 도중에 포기하거나 하면 안 돼. 부자들의 세계로 이동할 수 있는 사람과 가난한 채로 생을 마감하는 사람의 차이는, 오로지 부자가 될 수 있다는 사실을 깨닫고 계속 행동할 수 있는가 아닌가 하는 것뿐이란다."

할아버지가 부자라는 사실은 자기 자신에게 정직하고 솔직하게 살아왔다는 증거일 것이다.

"돈을 버는 궁극적인 목적은 자신이 꿈꾸는 이상적인 삶을 이루기 위해서일 거야. 그런 이상적인 인생을 걷기 위해서는 무엇보다 먼저 자신의 이상이 무엇인지 명확히 알 필요가 있어. 자신에게 있어 행복이란 무엇인지, 자신은 어떤 방식으로 일하고 싶고, 돈을 벌고 싶고, 어떤 방식으로 살아가고 싶은지 말이야. 이런 것들을 자세하게 기록해두면 돈의 입장에서도 하나의 가이드가 될 거야. 그러니 가능한 한 꼼꼼하게 적어두는 게 좋겠지? 주의할 점은 10억 엔 이야기 때 말했던 것처럼 이 이상은 나의 이상이라는 점이야. 여기에 다른 사람의 이상을 넣으면 자신이 진정으로 향해야 하는 목적지에서 벗어나게 되고 현실은 뒤죽박죽이 되어버리지. 이상이란 건 어디까지나 나에게 있어서의 이상이야. 내가 있고 난 후에야 나의 가족과 배우자, 주변 사람이 있는 거야. 이 순서는 반드시 유지되어야만 한단다."

할아버지는 잠시 생각하다가 다시 말을 이었다.

"우선 자기 자신에게 초점을 맞춰서 나 자신의 바람을 충족시키지 않는다면 아무런 의미가 없어. 내가 가난하면 그런 나에게 뭔가를 받는 사람들은 받아도 되는지 걱정스럽고 부담스럽겠지? 하지만 내가 가득 채워진 상태라면 다른 사람들도 신경쓰지 않을 거야. 그러면 물질적으로도, 정신적으로도 모두 풍요로워질 수 있단다. 부자들의 세계에서 자기 희생은 전혀 필요 없어. 참을 필요도 없고. 그저 자기 마음의 소리에 따라 솔직하고 정직하게 이상적인 삶을 추구하기만 하면 돼. 앞으로 부자로 살아갈 때 이 사실을 절대로 잊어서는 안 된단다."

이렇게 말하며 할아버지는 온화한 미소를 띠었다.

"자신이 진정으로 어떤 삶을 살고 싶은지 확실하게 정하면 그때 현실이 빠른 속도로 움직이기 시작할 거야. 왜냐하면 돈은 엄청나게 부지런한 녀석이거든. 돈이 아스카의 꿈이 이루어지도록 힘이 되어주고 싶다고 생각하는 순간, 믿을 수 없을 정도의 빠른 순발력을 보여줄 거야. 아스카가 해야 할 일은 그 속도를 못 이겨 속도가 떨어지지 않도록 잘 버티는 거겠지? 만약 도중에 너무 괴로워서 포기하고 싶어진다면 부자가 된 후의 내가 어떤 말을 할지 떠올려 보렴. 자신을 끝까지 믿어준, 부자가 된 미래의 아스카가 지금의 아스카를 응원해줄 테니까."

미래의 나. 그건 분명 그 어떤 누구보다 믿음직스러운 최고의 내 편이다. 내 앞에 어떤 행복한 미래가 기다리고 있을까. 나는 나에게 어떤 세상을 보여줄 수 있을까. 어떤 멋진 체험을 선물해줄 수 있을까. 미래의 나와 대화하는 것 같은 느낌이 들자 심장의 떨림이 멈추지 않았다.

미래의 나는 지금의 나를 위해, 그리고 지금의 나는 미래의 나를 위해, 그저 액셀을 힘껏 밟으며 부자로 향하는 길을 달리기만 하면 된다. 곧게 뻗은 그 길을 따라 풍요로움이 약속된 그곳을 향해 나아가는 것이기에 이보다 더 즐거울 수 없었다.

다른 누군가를 위해서가 아닌, 나 자신을 위해 부자가 되기로 다시 한번 굳게 다짐했다. 잘 보고 있으렴, 미래의 나야. 굳게 결심한 이상 예상 속도의 열 배로 그 미래를 이루어줄 테니까.

미래의 나와 대화하다 보니 문득 이런 생각이 들었다. 어쩌면 사람이란 행복해지기 위해 태어난 것이 아닐까. 이 사실을 깨닫고 자신의 참된 행복을 충족시켜갈 때 그 사람은 진정한 부자가 되는 것이 아닐까.

오늘의 배움

- 돈 버는 방법은 무엇이든 상관없다.
- 몸가짐이 바르기 않은 상태에서 테크닉에만 매달리면 투자에 성공할 수 없다.
- 마음의 소리에 귀를 기울여 자신의 이상이 무엇인지 명확히 안다.

누구든 부자가 될 수 있다

돈 벌기는 어렵지 않다.

누구든 부자가 될 수 있다.

에비스 할아버지가 나에게 알려준 것들은 모두 나의 삶에서 매우 중요한 지침이 되었다. 순풍에 돛을 단 듯 순조롭지는 않았다. 위축될 때도 몇 번이나 있었다. 그럴 때마다 나를 북돋아준 것은 할아버지로부터 배운 말들이었다다. 할아버지와 함께 보낸 그 시간이 있었기에 나는 옆길로 새지 않고 성실하게 계속 나아갈 수 있었다.

세월이 흘러 나는 부자가 되었다.

돈, 시간, 친구라는 세 가지 축복을 받은 행복한 부자가 되었다. 지금의 나는 할아버지를 비롯한 부자 지인들이 일찍이 나에게 그랬던 것처럼 부자가 되고 싶은 사람들에게 돈의 진리나 부자의 법칙을 전하고 있다.

이렇게 부를 늘리는 법을 알려주는 것은 할아버지의 마지막 가르침이었다. 내가 터득한 것들이 내 안에서 멈추어서는 안 된다. 나 혼자만 독점해서는 안 된다. 그건 돈도, 사랑도, 은혜와 인연도 전부 마찬가지다.

부자가 되기까지 내가 했던 건 오로지 결심하고 행동하기의 반복뿐이다. 특별한 건 아무것도 없다. 하지만 정말 그것만으로 이상적인 미래에 도달할 수 있었다. 이렇게 말하면 마치 내 힘으로 이룬 것처럼 들릴지도 모른다. 실제로는 이끄는 대로 따라갔다가 정신 차리고 보니 여기까지 왔다는 것이 맞을 것이다. 보이지 않는 실이 나를 당기는 느낌이기도 하다. 부자가 되는 건 역시 운명이었다는 생각이 다시 한번 들었다.

이건 나에게만 준비된 미래가 아니다. 우리 누구에게나 약속된 미래라고 확신한다. 할아버지에게 배운 내용을 전할수록 부자가 된 사람들이 점점 더 많아진다. 직접 보고 느껴서 더욱 자신 있게 말할 수 있다.

나 자신을 끝까지 믿어주길 정말 잘했다.

인생을 포기하지 않길 정말 잘했다.

이 말은 나 스스로도 계속 느끼고 있던 말일 뿐 아니라, 계속해서 새로 탄생하는 부자들이 공통으로 입을 모아 하는 말이기도 하다. 이상적인 인생은 자신의 힘으로 거머쥘 수 있다.

지금도 가끔 이런 생각을 한다. 에비스 할아버지는 인간의 모습을 빌려 나에게 나타난 돈의 신이었던 게 아닐까라고. 아주 인자하고 정이 넘치는 그 돈의 신이 부자가 될 수 있는데도 되지 못한 인간들을 보며 너무나 애가 탄 나머지 가만히 있지 못하고 지상에 내려왔는데, 우연히 내가 그를 만났던 것이 아닐까라고.

나를 부자로 만들어주고 진정으로 소중한 것이 무엇인지 깨닫게 해준 돈의 신에게 진심으로 감사의 마음을 전하고 싶다. 그리고 나의 천직을 찾게 해준 것 또한 감사히 여긴다.

돈 벌기는 어렵지 않다. 간단하다.

누구든 부자가 될 수 있다.

그들이 가르쳐준 수많은 가르침이 처음에는 솔직히 쉽게 받아들여지지 않았다. 하지만 지금은 전부 진심으로 공감하고 있다.

자, 이제 다음은 당신 차례다.

이미 당신은 눈치 챘을 것이다.

그저 부자들 세계의 문을 열기만 하면 된다는 사실을.

당신도 올 수 있다. 즐거움이 가득한 부자의 세계로.

토미츠카 아스카

스무 살의 부자 수업

나의 직업은
부자입니다

지은이 | 토미츠카 아스카
옮긴이 | 손민수

편집 | 김연주 강지예
편집 지원 | 김희윤 김재윤
디자인 | 이미정
마케팅 | 김종선 이진목
경영관리 | 서민주

인쇄 | HEP

초판 1쇄 | 2021년 8월 2일
초판 4쇄 | 2021년 10월 15일

펴낸이 | 이진희
펴낸곳 | (주)리스컴
www.leescom.com

주소 | 서울시 강남구 밤고개로 1길 10, 수서현대벤처빌 1427호
전화번호 | 대표번호 02-540-5192
　　　　　　영업부 02-540-5193
　　　　　　편집부 02-544-5933 / 544-5944
FAX | 02-540-5194
등록번호 | 제2-3348

ISBN 979-11-5616-227-8 13320
책값은 뒤표지에 있습니다.

블로그
blog.naver.com/leescomm

인스타그램
instagram.com/leescom

유튜브
www.youtube.com/c/leescom

유익한 정보와 다양한 이벤트가 있는 리스컴 SNS 채널로 놀러오세요!